# 服务型社会的来临

The Coming of Service-oriented Society

孙希有 著

中国社会科学出版社

**图书在版编目（CIP）数据**

服务型社会的来临／孙希有著．—北京：中国社会科学出版社，
2010.10（2011.7 重印）

ISBN 978 - 7 - 5004 - 9200 - 9

Ⅰ.①服…　Ⅱ.①孙…　Ⅲ.①社会发展 - 研究　Ⅳ.①K02

中国版本图书馆 CIP 数据核字（2010）第 197590 号

责任编辑　宫京蕾
责任校对　何又光
封面设计　弓禾碧
技术编辑　李　建

| 出版发行 | 中国社会科学出版社 | | |
|---|---|---|---|
| 社　　址 | 北京鼓楼西大街甲 158 号 | 邮　编 | 100720 |
| 电　　话 | 010 - 84029450（邮购） | | |
| 网　　址 | http://www.csspw.cn | | |
| 经　　销 | 新华书店 | | |
| 印　　刷 | 北京奥隆印刷厂 | 装　订 | 广增装订厂 |
| 版　　次 | 2010 年 10 月第 1 版 | 印　次 | 2011 年 7 月第 2 次印刷 |
| 开　　本 | 710×1000　1/16 | | |
| 印　　张 | 17.25 | 插　页 | 2 |
| 字　　数 | 176 千字 | | |
| 定　　价 | 28.00 元 | | |

# 再版前言

　　这些年来，自己从学习到工作，形成了一种"顽固性"的思想体征：它总是表现为对"常识"和"一般"的否定。常常将"常识"和"一般"之所"是"，改变为自己思想之所"非"，使本来"平面"的概念变成了"立体"问题。观之所思，思之所重，重之所积，久压心头，无以释放。于是，自己陆续以被人们称之为"文章"和"书"的形式展示了自己的思想轨迹与心路历程。我的思想是"孤独"的，我的信念是坚定的，从我离开大学校门，到走上社会工作实践公开发表的"关于银行同业资金拆借问题"的第一篇文章，再到 2007 年出版《制造混乱》一书，尽管每一篇文章的发表、每一部书的出版也曾经或多或少、或大或小地在文山书海中引来了些许鸣响，激起了些许波纹，但这种"鸣响"的回音与"波纹"的泛起，却经常呈现出另一种的"孤独"，或者说是思想孤独的另一种存在形式。因为更多的人依然抱定"常识"与"一般"是最现实、最真实的生态，人们大都认为，"平面"概念变成为"立体"思考会使问题的讨论更加复杂化。

我依旧"孤独"……

2010 年 11 月，自己集 3 年多的工作实践和理论思考而成的《服务型社会的来临》一书在中国社会科学出版社面世了。此书是我对经济社会万千现象观察、体验的所思、所想、所感的又一次"立体"记录。当 2010 年 4 月末书稿杀青时，我与以往完成一段笔墨经历时的心态情境一样：怀着激情的心写就，带着平常的心出版，以为这本书也许和我已经完成的诸多思想文本一样，同样逃离不了继续孤独地沉睡于众多书海之中的命运。

然而，在中国社会科学出版社老师们的真诚帮助和鼎立推介下，《服务型社会的来临》一书终于改写了我思想的"孤独"历史，甚至可以说此书获得了前所未有的成功：读者越来越感兴趣于《服务型社会的来临》的"服务"究竟是什么概念？"服务型社会"究竟是何种社会类型？"服务型社会"的产生对现行的经济社会生活会产生何种影响与变革？一些网站及时转载了相关章节内容，一些网友对本书的概念与命题进行了热烈的讨论，一些评论性文章陆续见诸报端，一些读者和老师提出了许多不乏真知灼见的思想、建议，以至台湾的出版机构还购买了版权在台湾地区出版发行……这与其说是对我本书思想的肯定，倒不如说是对整个社会思潮革新的追逐。然而，专家老师们的建设性意见，网友们的热烈讨论，台湾地区出版机构和台湾读者对本书的青睐和热捧，反而使自己变得诚惶诚恐，因此促使自己对原有的思想进行了修正与检讨，唯恐自己的浅见贻害大家。

最近，中国社会科学出版社的老师跟我联系，希望我能在广大读者提出建议的基础上将此书进一步完善，并应读者们的要求希望此书能再版。在此，我重新思考了原有的观点，对书中部分地方进行了补充与修改，现将修改后的《服务型社会的来临》一书再次呈现于各位读者，恳请朋友们再不吝赐教。

思想是无止境的，思想的追求也是无止境的。作为一种新社会类型的"服务型社会"的思考同样也没有终点，因此，我愿不断地吸收读者们的意见来不断地超越自己的思想。

感谢朋友们，感谢中国社会科学出版社，感谢台湾高等教育出版公司。

2011 年 7 月 4 日

# 序

　　推陈出新是社会运行的主要方式。社会之所以不断地变化与发展，往往是由于在它内部出现了新的动力要素。及时发现这些要素，观察它们在社会发展中的作用过程，判断在这个过程中是否会出现新的社会类型，是对研究者的理论勇气的一种考验。摆在我案头的这部《服务型社会的来临》书稿，提出以"服务型社会"这个概念表达自己对当代社会变迁的理解，无疑是一个大胆的尝试。

　　看到这个书名，自然会联想到丹尼尔·贝尔的《后工业社会的来临》。那么，"服务型社会"与"后工业社会"是一种什么样的关系？是不是属于后工业社会之后的新的社会类型？两者是不是展现出一种时间上的先后相承关系？提出"服务型社会"这个概念，能否概括"工业社会"、"后工业社会"这些概念难以概括的新现象和难以解答的新问题，亦即"服务型社会"在何种程度上揭示了当代社会变迁的新特征？这是我们作为读者想要追问的，也是作者应该明确回答的。

　　在该书作者看来，"服务型社会"的出现并不意味着"后工业社会"的终结，也不意味着是服务业为主导的社会，它本身也并不必然地产生于"后工业社会"之中，它同样可以出现在工业社会里（也可能只出现某些征兆），因而它与"后工业社会"就不是一种前后相继的时间序列关系。在"服务型社会"里，各个行业及部门，生产与消费、经营与管理都是以服务为理念、以服务为手段、以服务为目的。在这样的社会里，服务不仅普遍性地存在于服务行业，而且也存在于生产领域以及日常生活领域，使得服务成为引领社会潮流的标准。在这里，现有的各个产业都成为服务的一部分，人们的生产与生活都离不开服务，也都体现为服务，并以服务表现着自己的存在。于是，服务构成了经济增长与发展的动力，服务由此成为这种社会类型的核心要素。

"服务型社会"是一种以"服务"为主要特征的社会，它不是"社会形态理论"意义上的一种新的社会形态（一种社会形态可以构成一个历史时代），并不意味着人类社会的发展将从原有的社会形态转变到服务型社会形态。它只是现代社会发展过程中出现的新特征，以及以这种新特征为标志的社会类型。正如"网络社会"、"信息社会"、"消费社会"等等概念一样，都是指具有某种特征的社会，这些特征可以同时出现，也可以相继出现，但它们并不是与"社会形态"同一层次的概念。

作者敏锐地注意到，在现代社会的某些方面、某些领域、某些阶段出现了服务型社会的曙光。而这个"曙光"可能会改变我们的生活习惯以及思维方式。作者把服务型社会当做一种新的社会类型，并以此去解释当代社会发展的新情况、新问题，这无疑是提供了一种观察当代社会发展的新视角，对于我们丰富已有的社会类型理论具有启迪意义。

作者是我的学生，在师生相处的岁月里，希有给我的印象是追求上进、勤于思考。他既是一位勤奋的学者，也是一位在政府部门从事实际工作的干部。作为学生，他能利用自己所能利用的时间和条件，阅读我所推荐的书目，扩大自己的知识面，努力提升自己，形成认识社会、理解社会的理论视角；同时，他能结合自己分管的工作，关注世界上一些发达国家或地区产业发展的新特点与新趋势，如代工的兴起、服务外包的普遍化、物联网的形成等，思考新兴产业发展的实质，探索推动产业发展的新因素，把它们归结为"服务"。他认为，随着生产力的发展以及生产方式的变革，服务越来越作为社会运行与发展的重要手段与形式，成为现有的种植业、制造业、服务业等各种产业的基础与核心，服务改变着现有的三大产业发展与推动模式，服务由此将成为社会生产力诸要素中的"重要变量"与"独立要素"，使得如今的种植业、制造业与服务业越来越变成"服务型种植业"、"服务型制造业"、"服务型服务业"。因此，这样的社会类型可以称之为"服务型社会"。

在该书的写作过程中，希有数次利用来北京出差的机会与我讨论和交流，但该书的重要观点或者说真知灼见，是他独立钻研的结果。书稿完成以后，他又能吸取其他老师的建议，及时加以补充与完善，展现了作者勤于学习、勇于探索的品格。

　　当然，作为一种探索性的新作，书中有些地方还需要认真斟酌：例如，如何从个案分析上升到普遍性、规律性的认识，这不仅需要案例本身的典型性和客观性，同时也需要论证的科学性和严密性；又如，"服务型社会"与"工业社会"以及"后工业社会"的对话还可以进一步深入开展等。但是，这些缺憾都无法遮蔽本书的创新锐气。在此也祝希有更上一层楼！

景天魁

2010 年 8 月 29 日于北京昌运宫

# 前言

　　当今社会，出现了越来越多的与以往社会不同的景象："没有工厂的制造业、有生产行为而没有自己'产品'的工厂、有零售商业品牌而没有自己采购行为的商店、虚拟产品的广泛销售及使用、产品质量不完全决定经营成败……"这些现象彻底打破了传统的产业发展、成功的概念，服务作为一种新的生产力与生产方式已经越来越成为社会运行与社会发展的思维及工具。而作为公共权利部门或政府机构，无论是社会对其提出的要求，还是其应对社会提供的管理及公共品，服务意识的存在、服务工具的设计、服务产品的提供无疑越来越显示其生死攸关的核心作用，离开服务的公共权利机构不可能得到公众的认可，也就不可能取得成功，政权、社会更不可能稳固，因此，服务能力、服务方式构成了社会发展的重要动因，我们为此把推动当今社会发展的动力要素称之为服务，认为服务已经成为一种社会生产力，成为生产力与生产方式中的独立要素，成为吸收科学技术成果的重要载体，成为农业、制造业、服务业的基础与核心，成为各个产业的核心，进而贯穿于所有产业结构类型之中。服务统摄了整个农业、制造业、服务业，进而统摄了整个经济，服务改变着传统三次产业的发展和推动模式，由此也改变着三次产业的结构模式，服务因此成为整个社会生产力诸要素中的"独立要素"与"重要变量"，使得如今的农业、制造业与服务业越来越变成"服务型农业"、"服务型制造业"、"服务型服务业"，可以毫不夸张的说，今天，无论是第一产业、第二产业、第三产业，还是一些新兴的产业、企业，所有经济及经济活动都已经服务行为化了，而全社会政府功能的服务强调，更使得当今的社会笼罩于全方位、全视角的服务氛围之中，为此，我们把这样的社会类型称之为"服务型社会"。

服务型社会是指所有部门或行业，所有生产与消费的运行、管理与经营等均以服务为理念、以服务为手段、以服务为形式、以服务为目的方能取得成功的这样一种社会类型，在这样的社会里，服务不仅普遍性地存在于生产领域，而且日益广泛地存在于社会生活领域，使得服务成为引领这种社会类型的标准，服务成为这种社会类型存在与发展的基础，并由此引发社会结构的变迁、文化价值观念的转变。

在服务型社会里，服务作为一种独立的生产方式和生产力，将打破当今流行的产业划分方式。传统意义上的农业已经失去了独立性，单纯的农业已经不复存在，农业服从于服务的需要，种植业者必须按照需求者确定自己的种植品种和数量，达到需要者及其他经营者的要求，农业很大程度上已经成为制造业和服务业中的一个链条与有机组成部分，农业的核心不再是耕作而转变为给社会提供有针对性、有价值的服务；传统意义上的工业在服务型社会里同样也失去了自身存在的独立性。原来那种从原材料采购、加工制造，甚至一个基本的零部件都在一个产品生产主体内部制造的运作方式已经不复存在，取而代之的是分散采购，集中组合，或者委托采购、委托制造以及委托销售，这种制造方式日益成为当今社会的主流生产形态。加工贸易现象的出现更是很难从形式上判别它是属于制造业范畴还是服务贸易业范畴。从目标及任务上看，制造业不再只是为了生产大量而廉价的劳动产品，而更多地是为了不同的主体的不同需求、为不同的客户提供不同形态的个性化产品。而传统意义上的服务业同样也日益改变着自身的存在形态，出现了服务业经营者既为他人服务的同时，本身也在接受他人为其提供服务的现象，服务业内容、服务业经营方式等都在不断地发生变异，而服务在服务业当中已经不再是产业描述，而是工作手段，行为标准。

总之，在服务型社会里，生产和服务、服务和消费、生产与消费、服务与服务不仅连接在一起，而且每一个环节都有服务的元素蕴涵于其中，服务构成了经济增长与经济发展的动力，服务由此成为这种社会类型的核心要素。

综上所述，在服务型社会里，服务是推动经济社会发展的直接动力、工作手段、价值目标。社会的发展动力需要服务，社会的发展过程需要服务，社会的发展结果需要服务，服务成为社会一切社会运行的标准。因此，我们可以说：作为一种社会类型的服务型社会，将会对人类业已存在的"工业社会"以及"后工业社会"类型形成一种超越，展示出服务型社会与其他社会形态的不同之处。

# Preface

In today's society, more and more phenomena differ from the previous society have arisen: manufacture industry with no factories, factories do production while do not have their own products, shops have their own brands while do no purchasing, virtual products are widely sold and used, the success or failure of the management is not completely decided by the quality of the products, etc. These phenomena completely break the traditional concepts of development and success of the industry. Service, as a new kind of productive forces and a new production mode, has been the thought and tool of social operation and development. As the public authority or government organization, considering both the social demands and its responsibility for the social management and public affairs, the existence of service consciousness, the design of service tool, the supply of service products are showing their vital core role incontrovertibly. Public authority will never be recognized by the public without service function, and it will not be successful, and the

government and the society will not be stable. In this case, the
service capability, together with service mode, constitutes the im-
portant motivation for social development. Therefore, the driving
factor that promotes social development is called *service*. Service has
been taken as the social productive force, then becomes an inde-
pendent factor of productive force and production mode, becomes
an important carrier of assimilating scientific and technological a-
chievements, becomes the foundation and core for agriculture,
manufacture and service industry, and then becomes the core for
all industries, runs through all types of industrial structures. Serv-
ice governs agriculture, manufacture and service industry; and at
the same time, changes their structures and developing patterns. In
this case, service has become to *the independent factor* and *the im-
portant variable* of all elements of social productive forces. So that it
turns modern agriculture into *service-oriented agriculture*, modern
industry into *service-oriented industry*, and modern service into *serv-
ice-oriented service*. Today, no matter it is agriculture, industry,
service or emerging industry, all kinds of economy and economic
activities are servicelized. The service-focus of government function
makes the modern society surrounded by an all-round service at-
mosphere, that we regard this type of society as the service-oriented
society.

Service-oriented society refers to the type of society in which
the operation and management of all departments or industries,

productions or consumptions take service as the theory, the method, the form and the purpose to succeed. In the service-oriented society, service not only exists widely in production areas but also in social life areas widely, which makes the service the criterion of this type of society, makes the service the existing and developing foundation of this type of society, thus lead to the changing of social structure and the concept of culture value.

In the service-oriented society, as independent mode and force of production, service will subvert the popular methods of classification of industries. Traditional agriculture has already lost its independence. In another word, the simple agriculture no longer exists, it subjects to service. Planters are required to identify the sorts and quantity of planting to meet the demanders' or managers' demand. To a great degree, crop farming has been an organic part of manufacture and the tertiary industry. The core of agriculture is no longer to farm but to provide target-oriented and valuable services for society. Accordingly, traditional manufacture has lost its independent existence in the service-oriented society as well. The traditional operation mode disappears, in which the purchasing and processing of raw materials or even a basic component of the production has to be done by the main manufacturer. Instead, decentralized purchasing, concentrated combination, authorized manufacture and marketing have become the main production pattern. Especially with the turning up of processing trade, it is hard to discriminate that whether it belongs to manufacture category or service category in a formal way. From objectives and tasks, manufacture is no longer used to produce large amount of products, but to meet different subjects with different demands, and provide them with individual products of different patterns. The traditional tertiary industry has also changed its form. As managers of service industry work for the others as they accept other people's services. The content of service is no longer simple, and the service for service industry is no longer a simple description of the industry, it becomes the method of work and criterion of behavior.

In brief, production and service, consumption and service, production and consumption, service and service are not only connected, but service elements are involved in every production process in the service-oriented society. Service becomes the impetus for economic growth and development, thus make it the key element of this type of society.

All in all, in the service-oriented society, service is the impetus, the method and the goal of value. The social development motivity, process and result all depends on service. Service has been the criterion for all social activities and operations. Therefore, we may say: as a type of society, the service-oriented society will go beyond the industrial society and the post-industrial society and show its unique features.

# 目录

# 导论

　　迄今为止的社会发展表明，作为一种与自然相对的存在形式，人类社会进行着一种类似于加速度运动的发展方式，从而使得人类的社会行动有别于自然界中的任何一个物种，人类由此也就成为超越于任何一个物种的社会性存在物，使得人成为自然与社会的主体。

　　从人类历史所经历的时间性来看，每一个时代的人类所经历的时间间隔越来越短，展现出时间的压缩性。从 500 万年前人类起源，距今约 250 万年至约 1 万年前人类才进入旧石器时代，而迈进新石器时代的大门则是从 1.8 万年前的事情。此后，人类以及人类社会的发展速度似乎越来越快：距今 5000 年人类进入了青铜器时代，距今 4000 年则进入了铁器时代，耕作技术以及由此形成的社会生产力得到了显著提高，并使得人类逐步迈进农业社会。大约到了 17 世纪，人类开始迈进工业社会，进入到工业社会时代，19 世纪 70 年代人类进入到电气时代，到了 20 世纪 40 年代进入到原子能时代。而仅仅过了 50 年，人类就进入到了互联网时代，而物联网、云计算时代的到来更使得人类社会的发展进入到了全新的概念时代。21世纪的今天，数码产品的更新换代甚至以月计算，也许用不了多久，人类社会还将出现一个更新的时代以及出现更新的经济社会运行动力，出现更新的推动进步与发展的工作手段和标准。

从社会发展所经历的空间性来看，人类活动的能力越来越强，拓展的空间范围也越来越广，由此也展示出空间的扩展性。早期的人类处于彼此独立、难以交流的状态之中，形成了个性鲜明、自成体系、相对独立的文化模式，产生了具有相对稳定性与独立性的"器物、经济、社会、道德、宗教"等规范与文化要素。当然，那时的人类社会交往的空间范围极其有限。随着社会生产的发展，人类交往的空间范围日益扩大，人们之间的联系逐渐密切，不断从单一的民族国家走向世界。今天，现代科学技术尤其是信息技术的发展使得人类日益突破了空间限制，把茫茫宇宙连接成名副其实的地球村、空间站，使得整个社会的生产方式发生了革命性变革。为此，吉登斯曾经说过："早在1892年，一个评论家就曾写道，由于现代报纸的作用，某个边远乡村的居民对当时所发生的事件的知晓程度，超过了一百年前的一位首相。阅读某一份报纸的村民自己就同时关心着发生在智利的革命，东非的丛林战争和发生在俄国的饥荒。"①

所有这些充分表明，人类的活动是一个时间压缩、空间延伸的过程，人类社会的每一个发展阶段所经历的时间间隔

---

① ［英］安东尼·吉登斯：《现代性的后果》，田禾译，译林出版社2003年版，第13页。

会越来越短，每一个发展历程所拓展的空间范围会越来越广。我们可以借用吉登斯的"时空抽离化"范畴加以表达，这种时空抽离化机制的出现体现出人类社会发展的迅捷性，预示着新的社会类型将不断推陈出新。

马克思认为，人类社会发展所展现出来的这些特质究其原因就在于生产力与生产关系的矛盾运动和辩证发展，也就是生产方式发生革命性变革使然。在马克思看来，生产力是最活跃、最革命的因素，生产力决定生产关系，有什么样的生产力就有什么样的生产关系以及与之相适应的上层建筑。社会的发展一定是物质生产力发展的结果，物质生产力构成了社会发展的强大动因。当然，马克思认为，作为"生产能力"与"物质力量"相统一的"生产力"本身是一个内涵十分丰富的概念，既可以表示"生产工具、劳动对象、劳动者、科学技术"等东西，也可以表示"生产能力"、"生产效率"、"生产资料"、"生产关系"、"劳动者"、"科学技术"以及"发明创造"等。

因此，生产力的发展内在地决定着生产方式的进步。马克思说："组织共同家庭经济的前提是发展机器，利用自然力和许多其他的生产力，例如自来水、煤气照明、暖气装置等，以及消灭城乡之间的对立。没有这些条件，共同经济本身是不会成为新生产力的，它将没有任何物质基础，它将建立在纯粹的理论上面，就是说，将纯粹是一种怪想，只能导致寺院经济。"① 在这里，马克思把"自然力和自来水、煤气照明、

---

① 马克思：《马克思恩格斯全集》第3卷，人民出版社1960年版，第33页。

暖气装置、机器"等"生产资料"、"生产工具"都看做是生产力。这也表明，生产力以及生产力中的各个要素是一个不断发展的过程，这就为我们把服务当成一种生产力提供了理论支撑。

马克思还说，"所有这些对不同土地的不同肥力的影响，都归结为一点：从人工肥力的角度看，劳动生产力的状态，这里指的是农业可以立即利用土地自然肥力的能力，——这种能力在不同的发展阶段上是不同的，——和土地的化学结构及其他自然属性一样，是土地的所谓自然肥力的要素"①。在这里，马克思直接把生产力理解为一种能力，一种"生产的能力"。

在这些不同的生产方式中，每一种社会类型都会形成自己的独特动力因素，推动这个社会的发展。亚当·斯密认为，农业社会里，土地成为财富之母，推动社会发展的动力要素是土地，谁拥有了土地谁就拥有了充足的生产资料，进而也就掌握了一切。马克思发现，在资本主义社会里，资本作为一种生产要素被绝大多数经济学家们所认同，把它作为推动社会发展的动力资源。有了资本就有了土地、机器、劳动力、先进的科学技术以及生产方式。马克思认为，"随着资本主义生产的扩展，科学因素第一次被有意识地和广泛地加以发展、应用并体现在生活中，其规模是以往的时代根本想象不到的"。② 为此，也有人提出，科学技术亦成为"第一生产力的主张"。

---

① 马克思：《马克思恩格斯全集》第 25 卷，人民出版社 1974 年版，第 734 页。
② 马克思：《马克思恩格斯全集》第 47 卷，人民出版社 1979 年版，第 572 页。

　　这表明，马克思主义经典作家对于推动社会发展的生产力要素的理解是丰富的，不仅有"自来水、煤气照明、暖气装置"，而且还包括"城乡之间的对立"，以及随着社会发展凝聚而成的特定"生产方式"，甚至包括"创新"、"资源"等，它们共同成为人类社会发展的动力资源。这也表明，推动不同社会形态以及不同社会发展阶段的动力要素不尽相同，在不同的社会发展形态下社会发展动力要素也应当有所不同，由此形成的生产方式也不相一致。在笔者看来，在当今社会中已经诞生了一个崭新的、推动经济社会发展的思维和工具——服务，服务成为社会运行的一种标准，并由此使得整个社会出现了新的类型。

　　在当今社会，无论是农业生产、工业制造、服务贸易等，也无论是光电子技术的运用或互联网、物联网乃至云计算的出现，它们的运行都将把服务贯穿于其中，把服务作为动力和工具，各个行业的生存与发展离不开服务，服务成为今天社会运行与社会发展的思维及工具。换句话说，今天，现代科学技术的快速发展为人类社会创造了一个新的发展动因——服务，服务由此构成了社会发展的重要力量，由此，我们也可以进一步说，整个社会的运行与管理必然受到服务的主导，必须在服务的轨道上运行。

　　为此，我们把推动当今社会发展的动力要素、构成社会发展的生产方式称之为"服务"，把"服务"当成一种社会生产力以及生产中的独立要素来看待，进而把这样的社会称之为"服务型社会"。之所以把"服务"作为当今社会发展的动因，主要在于以下几点：

第一，从社会生产运行来看，当今时代，市场经济高度发达，同质化运营主体越来越多，竞争成为人们普遍接受的观念，买方市场已经成熟，产业链越来越长，产业集群越来越庞大，产品从生产到消费的整个流程中的加入者越来越多，而加入其中会充满竞争，各个竞争参加者、运营主体必须要为整个生产流程提供符合标准的服务，否则它将被排除在整个流程之外，被排除在流程之外者也就无法从这个流程当中获取收益，于是，"服务"越来越成为企业成功的力量之源与可靠保证，企业只有在为经济流程提供符合服务标准的前提下，才能很好地进行自己的生产与经营。如果企业生产的是中间产品，那么就必须为企业的下游或者下一个环节提供符合标准的配套产品，而这种符合标准的产品其实就是为对方提供服务；如果企业生产的是终端产品，那么它就必须为最终消费者提供符合标准的产品服务以及售后服务。这样就使得企业的一切生产与经营活动都进入了"服务"范畴之中，成为"服务"的一种行为类型。

第二，从产业结构来看，今天的产业结构已经不能简单地划分为"第一产业"、"第二产业"、"第三产业"了，不能简单地划分为农业、制造业和服务业了。这些划分实质上是工业社会的产物。当今社会，各个产业结构之间不仅"你中有我、我中有你"，而且更直接体现为它们都是以服务为载体、以服务为手段、以服务为依托、以服务为目标，按照服务的标准来经营所有的产业，按照服务的标准进行自己的行动。如果从这个角度看，传统的三大产业在今天甚至可以直接叫做"服务型农业"、"服务型制造业"以及"服务型服务业"，所有企业、产业均已经服务行为化了，服务由此成为贯穿于各个产业的主线，服务成为联系传统三大产业的核心，服务成为引领和统摄产品形成过程的"纲"。

第三，从社会类型来看，服务在整个人类社会形态中尽管早已存在，但随着人类社会由农业社会向工业社会以及后工业社会的转变，服务因素的重要性逐渐显现，其重要性与日俱增，服务逐步处于现代社会发展中的核心地位，也就是说，社会的发展日益把原来遮蔽的服务元素功能清晰地解蔽出来。无论是产业的运营，还是政府管理等，都开始显现出必须以服务为核心、以服务为理念、以服务为手段、以服务为宗旨、以服务为归宿的标准、理念和趋势。对此，本书认为，服务已经成为当今推动社会发展的动力，因而构成了生产力要素中的"独立变量"。

第四，从服务本身来看，服务本身也已经成为经济社会中的一种产品，服务本身已经完全可以作为一种独立的产品来进行售卖，而作为服务产品的售卖者，它本身却可以不生产一个有形产品，也不售卖别人的有形产品，而仅仅售卖自己的服务方式、服务行为、服务手段等来体现自我的存在价值，实现自身的利润。突出的例子如以 google 等为代表的搜索引擎对人们日常生活的广泛影响，这些搜索引擎所提供的完全是一种没有物质内容的服务；像阿里巴巴、淘宝网等电子商务平台提供的 B2B、B2B2C 等网上交易行为的存在和发展，同样是人们通过服务行为实现价值的一种表现，这些网站平台本身没有任何工厂和店铺，它们卖的就是一种品牌——对本网站平台的信任度与认同度，它们卖的仅仅是一种服务，而实物品的让渡，交易行为的发生却是物品所有者、场所经营者和需求者之间的事情。

总之，在今天的社会里，"服务"贯穿于整个社会发展的全过程，"服务"无时不有、无处不在。"服务"是我们人类生存于这个社会的法宝，服务是企业成功的保证，"服务"是生产过程的统领，"服务"是整个社会运行的动力源泉。简言之，服务已构成了这个社会发展的核心、源泉与动力，服务成为这个社会的标准。

普遍的看法是，当今社会已经进入到了第四次产业革命阶段，第四次产业革命的兴起推动着整个产业结构的深刻变化，使得在传统的第一以及第二产业内部诞生了服务性经济，导致农业与制造业的性质及功能发生了嬗变，其中日益彰显并逐渐拓展的就是服务的功能以及服务的地位。与此同时，参与农产品、工业品以及服务业的生产与经营的主体会越来越多，服务对于农业、工业、服务业的作用越来越明显，并将成为推动产业发展的强大动力与可靠保证，由此使得服务在整个经济中的地位越来越突出，越来越活跃。

需要指出的是，对今天产业行为当中的服务性行为必须进行更高级的理解，即不能简单地认为凡属服务性行为就是服务业行为，也不能简单地把服务性行为产生的效益就认为是服务业的效益，以致将人们的服务性行为、服务性行为的载体、服务性行为的效益皆视为服务业之中的属性，而应当把服务性行为独立于某一个产业来理解。当今社会产业结构中服务功能的扩大并不在于服务业本身的发展，而是整个产业的发展给人类社会的发展提出了崭新命题，努力把服务当做一种整合传统农业、制造业与服务业的重要杠杆，强调服务理念的产生、服务内涵的改变、服务性思维模式以及服务性手段与工具的应用等是足以引起我们研究和关注的问题。从这个意义上讲，今天所谓服务性经济的扩大，其真实意义也就是在于服务性的思维模式与工具在整个经济社会中的广泛使用与渗透的结果。

需要说明的是，服务功能的日益扩大，服务重要性的日益增强，服务能力的日益凸显，并不在于服务业的兴起与发展，而是整个社会的发展越来越离不开服务的功能、服务的标准。

具体来说，在服务型社会里，农产品的生产不只是单纯为了满足生存的需要，更多地体现着为人的身心健康、休闲娱乐、怡情养性等服务；农产品也不是简单粗放的提供给市场、提供给消费者，而是变成了为下一环节提供标准的供应品，这实际上就是一种服务行为，农业已经内化为服务的一部分。在服务型社会里，工业产品从原料的选购，工业产品的设计、生产、包装、营销以及售后保障等都体现着服务的特性。原材料从开采到选购再到加工都围绕着为消费者或者下一个生产运行环节提供标准化的服务而展开的。你的需要也是我的需要，我的需要也是他的需要，他的需要就是我们共同的需要，所有的需要构成了经济运行的需要。一个生产产品的企业，它能生产什么已经不占主要地位，"他"、"他们"构成的社会需要才更重要。生产在这里其实已经变成为某种服务标准的简单、被动行为，工业同样也已经内化为服务的一部分，因此，在服务型社会里，单一的农业或种植业、制造业以及服务业已经不复存在，或者说，今天的各种产业类型都是体现着新内涵、新概念的"服务业"的一种，整个社会唯一存在的一种生产经营活动就是服务活动，而这种服务活动绝不是传统意义上的服务业，由此预示着经济社会进入到了一个崭新的阶段，形成了新的经济社会类型。

这表明，当今社会，人们的一切经济和社会行为都是为他人、进而也是为自我提供服务，服务是推动社会发展的手段与动力，是社会生产力发展的独立要素。正是从这个角度看，今天的社会已经出现了一种崭新的社会类型，那就是服务型社会，服务就成为这种社会类型的显著标志，服务自然也就成为这种社会类型的灵魂。

为此，我们就要揭示出服务型社会的内涵、特征，找出服务型社会与农业社会、工业社会以及后工业社会等社会型态的异同点，分析"服务"在服务型社会中的地位与作用，揭示出服务型社会中的"服务"与前服务型社会中的"服务"所具有的不同含义，服务与其他各个产业之间的关系，探寻出作为一种社会类型的服务型社会的提出对于整个经济社会发展的意义与价值等。

# 第一章 · 服务是新型社会发展的动力

我们知道，人类社会从土地的开发、生产工具的改进、工业社会的到来，直到现代社会的变化呈现出光怪陆离，令人目不暇接、眼花缭乱的种种现象，都表明，社会的发展仍然有着自身的规律与运作逻辑，每一个社会的发展都有体现出这个社会发展的动力元素，每一个时代总会形成并体现出这个时代特色的生产力形式，从而使得这个社会具有鲜明的时代特性。

我们把社会发展的推动力称为"服务"，认为在这个社会里，服务不仅成为服务业的标准，同样也成为制造业乃至农业的标准，进而成为各个产业的标准，服务标准成为经济社会发展的引领，服务贯穿于所有产业结构类型之中。服务不仅统摄了整个制造业、农业以及服务业，而且也改变着传统三次产业结构的类型，服务由此成为整个社会生产力诸要素中的"独立要素"、"重要变量"、"主导因素"，使得如今的农业、制造业与服务业越来越变成服务型农业、服务型制造业以及服务型服务业。在这里，服务业也一改传统的运行方式，而成为接受服务、为人服务的双向或多向服务，因此成为服务型服务业。

## 第一节 服务与社会结构的内涵

经济发展、社会进步往往与生产力这个概念紧密相连。一般说来，经济发展总会推动着生产力的发展，同时，生产力的发展也会推动着经济的增长。特别是由于生产力发展而出现的新经济因素的产生和发展，愈加决定着这种生产方式的成熟程度，推动着一种生产方式向另一种生产方式的转变。在社会生产力较为低下的时代，人们只能运用简单的生产工具、凭借简单粗放型劳动进行生产和经营，整个社会的物质产品较为有限，经济发展的速度自然也就比较缓慢。但是，随着科学技术的发展以及科学技术在生产中的广泛运用，劳动者的整体素质得以逐步提高，劳动工具不断改进，劳动对象越来越便捷地加以控制，从而引起生产力的巨大变革与发展，并由此改变着整个社会的劳动方式，产生社会发展的新的动力系统。因此，我们要想探讨作为一种新的社会生产力形式的服务在整个社会生产力体系中的地位及作用，就必须要研究服务在整个社会结构中的变迁问题。

### 一、服务引起社会结构的动变

结构问题是社会学、人类学的一个重要概念范畴，以索绪尔、列维－斯特劳斯、C. 格尔茨等人为代表，他们强调结构不仅是指事物的构成形式或外表，而且也指事物的组成部分或构成原料。列维－斯特劳斯认为，结构"与经验实在并无关系，而是与依据经验实在建立的模型有关"[①]。在社会人类学家们看来，社会结构与社会关系具有不同的属性，社会关系仅仅是社会结构的原材料，而社会结构是对社会关系的整合，它是在社会关系基础之上建立起来的，它要依赖于社

---

① ［法］列维－斯特劳斯：《结构人类学》第 1 册，张祖建译，中国人民大学出版社 2006 年版，第 299 页。

会关系但是又将超越社会关系。

　　社会学作为从哲学中分化出来的一门独立性学科，自诞生之日起就致力于研究个人之间以及个人与社会之间的结构关系，着重分析社会结构与社会运行，探讨个人如何形成群体与组织，群体之间如何进行运行并凝聚成社会，分析社会对行动者个人的制约作用以及行动者对于社会的能动作用，揭示出社会运行的动力系统与动力资源。因此，社会结构是指"社会系统各个组成部分及要素之间持久的稳定的相互联系模式，即社会系统的静态构成状况"①。除了帕森斯以外，全球一大批知名社会学家，如默顿、布迪厄、埃利亚斯以及费孝通、陆学艺等人，他们对社会结构问题都进行了富有见地的阐述，使得社会结构成为社会学的主要研究对象，被社会学家们用来分析各种社会学问题的概念工具。

　　一般情况下，社会结构处于相对稳定之中，但是，生产力以及生产方式的变革也会引起社会结构的变化。为此，我们着重从服务的兴起去分析整个社会结构的变迁问题。从社会结构所具有的含义来看，服务的兴起对社会结构的改变主要体现在以下三个方面：

　　第一，社会结构包含着社会地位、社会角色、社会群体以及社会制度等几个方面。日本学者富永健一曾经把社会结构定义为："构成社会的如下要素间相对恒常的结合。这些构成要素可以从接近个人行动层次（微观层次）到整个社会的

---

　　① 郑杭生：《社会学概论新修》，中国人民大学出版社2009年版，第74页。

层次（宏观层次）划分出若干阶段。"从微观到宏观层次，其顺序可以排列为"角色、制度、社会群体、社会、社会阶层、国民社会"①。

　　服务的兴起首先引起个人的社会地位与社会角色的改变。因为每个人在社会结构中总是处于一定的服务与被服务地位，在服务他人的同时也接受他人的服务，因而个人就是服务与被服务的统一体，这是决定他们进行社会行动的前提。同时，个人的社会行动实质上就是扮演某种社会角色以便更好地为他人提供服务，进而让自身得到更好的服务。在服务过程中，每个行动者都必须按照服务的规范与标准进行着非个体化的行动。其次，社会结构表现为行动者按照服务的角色结合在一起组成具有稳定性与认同感的社会群体，以便为社会提供更加合适的服务。从历史上看，不同的社会群体之所以形成社会区隔，如藤尼斯的社区与社会、富永健一的基础集团与机能集团、伊恩·罗伯逊等人的首属群体和次属群体等都反映着特定群体的社会地位与社会角色差异。再次，以服务为标准的社会结构涉及社会生产方式的变化，农业社会的生产方式不同于工业社会，工业社会的生产方式同样不同于以服务为标准的当今社会，由此形成不同的社会阶层，产生不同的地位、角色，凝结成不同的社会关系与社会结构。因此，了解社会结构就必须要弄清社会结构各种要素之间的结合方式。

---

① ［日］富永健一：《社会结构与社会变迁》，董兴华译，云南人民出版社 1988 年版，第 19 页。

　　第二，如果说社会结构是由社会地位、社会角色、社会群体以及社会制度构成的，那么以服务为标准所形成的社会结构主要表现为行动者如何通过服务使个体整合成群体并展开经济社会行动。这种处于社会结构中的个体就不再天然地形成各个有差别的等级或阶层，而是彼此平等地生活在同一个社会里，形成一个有机的整体，推动整个社会目标的实现。为此，这样的社会结构主要以平等的服务把不同的人口组织成扁平式或橄榄式结构，而不宜形成贫富差距不断拉大的金字塔结构。另外，社会结构也涉及个体在社会行动中所处的地位、所扮演的角色，由此就关系到行动者所属的社会阶层以及这个阶层所形成的时空结构。因为不同的社会阶层生活在不同的时空情境之中，形成不同的时空结构，体现着不同的时空特性。而在以服务为标准的社会里，各个阶层彼此平等，服务与被服务结合为一个平等的主体。同时，社会结构还涉及行动者在行动过程中面临的政治、经济、文化、法律等各个方面，从而形成了社会的政治、经济、阶级、组织、制度以及文化等结构。

　　从历史上看，以种植为主的生产方式把整个社会日益划分为种植业主以及种植业者两大阶层，在这里，土地把种植业主以及种植业者紧密地联系在一起，形成对土地的支配与依赖关系；以制造为主的生产方式则把社会分化为各种不同的产业工人，在这里，资本把企业主与产业工人紧密地结合在一起，形成对资本的支配与依赖关系；而以服务为主的社会则把社会群体分为服务者以及服务对象两大阶层，服务则是维系各个服务主体以及服务对象的桥梁，整个社会形成对服务的依赖。于是，这些社会结构就成了联系社会成员、形成社会秩序的网络。

第三，社会结构是共时性与历时性的统一，由此使得社会结构呈现出动态性特征。共时性与历时性是荣格、索绪尔等社会心理学家提出的重要概念，它们指行动者能够在撇开整个社会系统前提下着重关注处于某一特定时空情境下的社会结构，行动者可以从静态方面去把握经济社会结构全体及其体系。在服务型社会里，人们所关注的只是这个社会在不同的地区、不同的国家所形成的各种服务类型及其服务方式，寻求对各个国家不同的服务特性的比较。而历时性则是指要从历史的角度去理解社会结构的产生过程、变迁特点、基本性质、社会价值以及未来走向，进而把社会结构看成是一种纵向发展的动态过程。共时性与历时性的统一就是要从横向与纵向相结合、静态与动态相统一的高度去理解和把握作为社会结构以及社会形态的服务，把服务看成具有动态性与稳定性相统一的统一体。

一方面，服务型社会的结构一旦形成，社会结构的服务要素及其组成部分也就相对稳定，大规模的社会结构变迁一般不会轻易地发生，也不会轻易地消失，这体现出相对稳定性的一面。由于服务型社会是从工业社会内部分化出来的一种新的社会类型，因此，即使服务成为这个社会的核心与主导，前服务型社会或者说工业社会形态中所存在的种植业、制造业等产业类型以及由此形成的工业社会类型等仍然存在并发挥着作用。

另一方面，这种稳定的社会结构以及社会类型并不意味着它永远不会发生变化而成为僵死的东西，稳定只是相对性的稳定，是指服务型社会一旦形成其社会结构内部所具有的各个要素之间的相对稳定性，这样的稳定具有暂时性特征。而"动变不居"才是包括服务型社会在内的各种社会类型的实质，也是社会结构所表现出来的常态。在服务型社会里，社会变迁就是社会结构不断转变的过程，是整个社会不断"解构"工业社会、"建构"服务型社会的过程，进而也就是"建构"服务型社会并将服务型社会"结构"化的过程。其中，每一种社会结构形态都蕴涵着特定的社会历史条件，每一种社会结构形态也蕴涵着未来的发展图景。这正如马克思所言："手推磨产生的是封建主的社会，蒸汽磨产生的是工业资本家的社会。"① 从这个角度看，服务型社会中，尽管作为一种生产方式的服务始终贯穿于这个社会的核心，成为这个社会的发展动力，但是，服务的内容与形式、结构与体系等也将会不断地发生变化。

### 二、服务视阈中的社会结构理论

什么是社会结构及其变迁？从种植业角度看，社会结构就是个人如何连接成以农业为纽带的社会关系网络。这样的社会注重经验，强调地域，关注人伦，整个社会由此形成了

---

① 马克思：《马克思恩格斯选集》第 1 卷，人民出版社 1995 年版，第 142 页。

种植业主与种植业者之间的阶级或阶层关系。从制造业角度看，社会结构就是人们如何形成自由的劳动力并进行自由的职业流动、职业分工与职业组合，进而把人连接成以行业为纽带的职业阶层，社会又通过行业组织进一步强化了整个结构的安排。从服务本身的角度看，社会结构就是一种更加平等与自由的社会设置及社会安排。在这里，人的平等性、主体性地位不断提升，人越来越从"对物的依赖阶段"经过"建立在物的依赖性基础上个体独立性阶段"，逐渐走向"人的个性自由与个性解放"的阶段①。在这里，人借助于服务获得了自由和平等、尊重与实现，社会各个阶层处于相对稳定、相互依赖、相互需求、和谐共生之中。

当然，社会结构本身就是经典社会学家提出的基本概念，用来表示具有某种共同属性要素的集合。马克思、涂尔干、韦伯、帕森斯以及吉登斯等社会学家对于社会结构都有较为深刻的阐述。马克思认为，"经验的观察在任何情况下都应当根据经验来揭示社会结构和政治结构同生产的联系，而不应当带有任何神秘和思辨的色彩，社会结构和国家总是从一定的个人的生活过程中产生的。"② 在这里，马克思还指出："人们在自己生活的社会生产中发生一定的、必然的、不以他人的意志为转移的关系，即同他们的物质生产力的一定发展阶段相适合的生产关系。这些生产关系的总和构成社会的经济

---

① 马克思：《马克思恩格斯全集》第46卷上，人民出版社1979年版，第106页。
② 马克思：《马克思恩格斯选集》第1卷，人民出版社1995年版，第71页。

结构。"① 很显然，马克思是从广义与狭义相统一的高度来理解社会结构这个概念，把社会结构与社会生产方式紧密地联系在一起。

在马克思看来，广义的社会结构侧重于社会各个基本活动领域，并与特定的社会生产方式相联系，它主要包括社会的政治结构、经济结构以及文化结构，它涉及整个社会生活的各个方面。其中，社会经济结构相对于社会政治结构、社会文化结构等具有根本性作用，它是社会其他结构的基础，能够将整个社会的其他结构整合为一个有机整体，发挥着如帕森斯所说的"整合"功能。其他的社会结构如社会政治结构、社会文化结构等则属于上层建筑部分，具有相对独立性与稳定性，直接或间接地影响着社会的经济结构。而狭义的社会结构则主要由于社会分化所产生的社会群体之间的相互关系，如社会阶级结构、社会种族结构、社会群体结构、社会分层结构、社会组织结构等。马克思认为，阶级结构是阶级社会中理解其他社会群体地位、认识其他社会组织等结构的基础，但是在服务型社会里，阶级对立与阶级对抗已经出现了新形势，其中，服务在整个社会生产中的作用与日俱增，服务对社会阶层进而对整个社会的发展具有更直接的现实价值。

马克思对于社会结构的理解具有重要的指导价值，并成为帕森斯、默顿等社会学家探讨的基本问题。帕森斯的结构

---

① 马克思：《马克思恩格斯选集》第 1 卷，人民出版社 1995 年版，第 32 页。

功能主义理论就是其中最为杰出的代表①。

　　帕森斯认为，一个完整的社会结构应当包括两层含义：一是社会系统内部共同维持某种价值观或目标以抗拒外来压力。例如人格系统对于社会系统的整合主要通过社会化与社会控制。二是社会系统与外部环境之间的和谐相处，以便使各种社会行动达到和谐发展状态，进而促进社会变迁。任何社会系统要想得以生存就必须能够采取适当的手段处理好系统内部各种影响系统和谐发展的各种问题，同时也要处理好系统与外部环境之间的关系，以便能够实现系统目标。它们是任何一种社会系统维持生存和发展的必要条件，这些条件主要包括适应、目标实现、整合以及模式维持四个方面：

　　首先，社会系统要具有适应外部环境并从外部环境中获取足够的资源，在系统中加以分配与使用，以使之适应环境，即对"环境"的适应，从而获得维持社会系统存在的各种物质与能量。帕森斯把它称之为"适应功能"。比如，在服务型社会里，整个社会要从服务中获取自身发展的基础，社会系统中的各个阶层、各个组织或群体都围绕服务而生产，以服务为主导统领整个社会的生产与生活，进而决定着整个社会阶层与社会组织的生活。

　　其次，社会系统要能够最大限度地调动各种资源、利用资源去实现系统自身的目标，这是社会系统的特征之一，帕森斯

---

① 而在当代社会学家当中，吉登斯对于社会结构作出了重要的理论贡献。参见［英］吉登斯《社会的构成》，三联书店 1998 年版。

将此称为"目标实现"功能①。在服务型社会里，服务成为贯穿于各个产业的主线，服务也成为联系各个产业的核心，服务成为调动社会各种资源的重要手段，社会资源也围绕着服务而集中，谁能提供更好的服务，谁就可以最大限度地整合社会资源。这正像城市的资源集聚效应一样。城市，中心城市之所以能不断地聚集资源，原因就在于这个城市具有的服务功能。

再次，任何一个社会系统都是由各个部分组成，要想实现社会系统的目标，就必须要求社会系统各部分之间能够协调一致，使它们能够开展合作并作为一个整体发挥功效，并发展出对付由各部分形成的社会越轨行为方法，这就叫做"整合功能"。在服务型社会里，服务成为一种社会整合手段，服务能很好地甄别和筛选特定的目标人群，使得这些群体能按照社会的要求进行生产与生活。

最后，社会系统要能够根据规范与原则维持系统秩序，确保社会系统中行动的连续性，同时也要能够处理社会系统内部以及系统各个部分之间的紧张关系问题，确保社会系统中的连续性，这就叫做"模式维持"功能。在前服务型社会以及整个服务型社会里，这样的"模式维持"是比较普遍的，不同的只是在服务型社会里，服务开始把各个个体紧密地结合起来形成一个互相联系的整体。在这里，服务的维持功能不断显现，没有他人的服务任何个体终将无法生存与发展。

对应上述四种功能，整个社会系统可以分为社会系统、

---

① 有的文章中将它翻译为"达鹄功能"。

人格系统、文化系统以及行为有机体系统。其中，行为有机体系统具有适应功能，它是整个社会行动系统的核心；人格系统具有目标实现功能，它是整个社会行动系统的存在依据和发展方向；以规范为主要内容的社会系统具有整合功能，它包括法律、规范以及社会制度等；而文化系统具有模式维持和传承功能。就现实的经济社会而言，经济系统、政治系统、社会控制以及文化系统，它们分别承担着适应、目标实现、整合以及模式维持功能。这就是说，任何行动系统要想维持其生存就必须满足某些特定功能，即所谓的四种功能先决条件。包括体系内需求与环境的需求、需求的实现以及满足这些目标所必须运用的手段。

但是，在今天的社会里，尽管维持社会系统运行的先决条件仍然是上述所说的"四种功能"，这"四种功能"在整个社会的运行过程中仍然发挥作用，但是，这"四种功能"的发挥都倚仗着服务，都依赖于服务，都以服务为纽带，没有服务，系统就无法适应环境；没有服务，就无法实现系统的目标；没有服务，系统就无法整合各种要素；没有服务，就无法维持整个系统的存在，促进系统的发展。

### 三、服务视角下的社会结构功能

在社会学领域，默顿对"功能"这个概念的分析比较透彻，形成了"中层功能理论"。默顿认为，社会结构所涉及的"功能"不是指"某种公共集会"或"节日庆典"，也不是指某种"职业"、"活动"，更不是特指数学上的"函数关系"，而是强调维持社会结构、社会系统的"运行"以便使"整个系统能够存在"①。

默顿认为，在一个社会文化事项中，不仅有"正功能"也有"负功能"，甚至还有"无功能"，它们都会存在着。为此，我们在进行功能分析时应当裁定所分析的对象或社会文化事项的性质和界限，能够区分出负功能、正功能甚至是无功能。在他看来，凡是社会结构、社会要素对社会整合起到促进作用的是正功能，而导致社会结构瓦解及其关系破裂的则是负功能，另外，对社会结构不发生任何影响的则是无功能。在服务型社会里，凡是能促进服务的形成、丰富服务的内涵等活动就具有正功能，反之则具有无功能或反功能。

不仅如此，默顿强调，在进行社会结构功能分析时，我们应注意分析社会文化事项对个人、社会群体所造成的客观后果，也就是要区别"显性功能"和"隐性功能"。他认为，那些有意造成并可以认识到后果的是显性功能，而非有意造成的以及不能够被认识到后果的则是隐性功能。默顿指出，我们既要去研究某种社会结构所产生的显性功能，更要分析不为行动者所觉察到的后果，也就是努力揭示隐性功能②。在他看来，奴隶制度对于美国南方阶层的显性功能就是促进生产力发展，但是却由此产生了大量的社会底层阶层，引起了

---

① ［美］罗伯特·K. 默顿：《论理论社会学》，何凡兴译，华夏出版社1990年版，第99—101页。

② 同上书，第150页。

社会结构矛盾，这是奴隶制度的隐性功能。同时，某种生产形式在不同的社会类型中其功能亦有所不同。在今天，"服务型制造业"、"服务型农业"以至于"服务型服务业"对于整个服务型社会的形成具有显性功能，而在工业社会里以及前工业社会里，由于服务处于次要地位，因而它们只能具有隐性功能。

从功能主义大师默顿的这些分析中我们不难得出，任何一种社会结构都具有一定的社会功能，而这种社会功能的性质、大小、水平不仅取决于社会结构本身，而且也取决于社会结构的构成要素性质及其组成方式，尤其更要取决于社会生产发展的状态。另外，即使社会结构的要素相同，由于其组成方式不同，也会导致社会结构本身所具有的功能发生变化。

当然，构成社会结构的各个要素之间也是相互作用的，它们都有自己的特定功能。以服务为主导的经济变革为人类生存提供必需的生产资料以及生活资料，强调服务的政治结构则表征了经济社会发展的有序进行，而注重服务的文化结构则为人们提供具有时代精神的文化产品，使人们形成具有某种价值导向性的精神产品。同样，社会结构内部各个要素的组成方式不同，社会结构所展示出来的功能也不会相同。所有这些表明社会结构的功能是多元一体的。

## 第二节　服务与社会结构的变迁

一般的，社会（结构）变迁涉及社会经济、政治、文化以及价值观在内的整体的、全面的、综合性的转型与变迁。社会变迁影响到整个社会生活的各个方面，其中，影响最大的就是经济结构尤其是生产方式的变革。一方面，社会变迁的根本动因是社会生产力的发展以及社会实践的推动，是生产力与生产关系相互作用的结果，因而是特定社会生产方式变革的结果，社会变迁则往往以经济结构变迁为前提和保证；另一方面，经济结构变迁尤其是生产方式的变革又是社会结构其他组成部分发生变革的动因和基础，社会结构始于生产方式的变革。因此，我们必须从经济结构角度探讨社会结构变迁问题。

### 一、服务与经济结构的变迁

经济结构指的是一个国家或地区经济的组成、构造和运行机制，不同的学科对于经济结构有不同的理解，形成不同的类型。例如，按所有制形式可以分为国有经济、民营经济等结构形式；按国民经济和社会再生产可以分为产业结构（即农业、工业以及第三产业之间的构成）、分配结构（如积累与消费的比例及其内部关系等）、交换结构（如价格结构、进出口结构等）、消费结构（消费方式、消费形式、消费水平等关系）、技术结构、劳动力结构（劳动人口在不同产业中的分布）等①；按经济结构所包含的范围可分为国民经济总体结构（国民经济中的生产结构、需求结构以及就业结构）、部门

---

① 参见柯柏年等《经济学词典》，上海南强书局 1933 年版。

结构（农业、轻工业、重工业、信息产业、建筑业、商业等）、地区结构以及企业结构等。

但是，这些经济结构总要与特定的社会生产力发展水平进而与特定的生产方式相互适应。经济结构各组成部分必须能够在促进社会生产力发展方面起到积极效果，有效地利用本国人、财、物和自然资源，从而有力地推动社会经济发展，进而为社会变迁奠定坚实的物质基础。所以，按照马克思的观点进行推论，在服务型社会中，经济结构必须以服务为核心，通过服务调整各种经济结构与经济关系，以便更好地体现着服务的元素，尤其当经济结构不能适应社会生产力发展要求的时候，就必须进行相应的调整和变革，否则将成为生产力发展的桎梏。

从这个角度看，经济结构的变革有其客观必然性。作为社会生产力形式的服务内在地要求人们对阻碍服务的各种经济因素进行调整与变革，这就使得经济结构朝着更加有利于服务的方向发展，从而形成以服务为标准的经济结构及经济发展方式。在经济结构变迁过程中，产业结构是整个经济结构中的主体部分，产业结构甚至在某种程度上成为经济结构的代名词，它对于社会结构和社会变革的影响也最为直接。因为产业结构的变革体现着社会生产力发展水平的高低以及生产方式的改变，也体现着人们对经济与社会控制力量的增强。随着以各自产业发展动因而形成的第一、二、三次产业结构向以服务为主导发展动因而形成的产业结构的转变，服务型农业、服务型制造业以及服务型服务业形成了新的结构

形式，由此生产方式也实现了由各自独立的发展存在动因向
以服务为核心发展动因的转变，整个社会的结构、人们的生
活方式以及由此形成的社会制度、社会文化以及价值观念等
也随之发生变化，于是使得整个社会不断向前推进。为此，
本书着重研究由于服务以及服务型社会的兴起所引发的生产
方式变革问题。

### 二、服务与生产力的变迁

社会学家们普遍认为，影响经济社会变迁的因素很多，
既有生产方式的因素，也有政治、社会、文化以及心理等方
面的因素。其中，经济因素尤其是生产方式的变革起着关键
性作用，生产方式成为社会发展的动力来源。然而，经济社
会的快速发展越来越表明，不同的时代以及在社会发展的不
同阶段，社会生产方式的表现形式及其展开方式存在着显著
差异，生产方式的内涵也日益丰富，外延不断扩展，生产方
式的表现形式也呈现出多种多样。

另外，按照生产方式是生产力与生产关系的统一的原理，
劳动者、劳动对象、劳动资料尽管在任何社会都作为不可或
缺的生产力要素，但是，在具体的社会发展阶段中，社会生
产力的这三个基本要素以及在此基础上形成的劳动工具、劳
动手段、劳动方式其地位与作用总是处于不断变化之中，在
特定社会发展阶段，其中起主导性作用的也许只是生产力诸
要素中的某一方面，在服务型社会或许传统的三个基本要
素——劳动者、劳动对象、劳动资料均不会成为主导因素，

服务因素逐渐成为主导性因素。

从服务的角度看，原始社会主要以天然自然物为劳动对象、劳动工具以及劳动手段，生产方式极其简陋，为人所提供的服务对象、服务范围极其有限，基本上集中在天然的工具、天然的对象之中。农业社会则增加了人造工具，如青铜器以及铁器在农耕中的使用，劳动资料也不再局限于对天然物的采摘，而且还包含着对自然的开垦，劳动成果不仅为自身所独享，也会为社会提供部分剩余产品，因而农业社会的服务范围有所扩大，服务本领也有所扩大。到了工业社会，作为劳动工具的纯粹天然自然物以及一般自然物已经逐渐为人造物所取代，劳动者的劳动越来越借助于人所创造的劳动工具进行，人的因素在社会生产以及社会发展中的作用不断增大，人类的劳动成果大多数要进行交换与销售，这样，服务的工具已经从自然逐渐转变为人为，服务领域从天然转向人工，服务范围逐渐从有限进入到无限，因而服务的因素会越来越凸显。

到了今天的服务型社会里，劳动者在创造社会生产力过程中进一步摆脱对自然的束缚以及对象物的依赖，而更多地依靠劳动者自身的、非物的力量，尤其是依靠自身的智力去为自身、为他人、为整个社会"提供服务"。在这里，服务已经渗透到这种社会类型的一切方面，服务没有范围、没有界限，服务成为这种社会类型的核心。比如，在企业生产以及企业经营领域，服务型社会要求我们的一切行为都必须以"为他人"提供良好的服务为前提才能取胜。在分工明细的服务型社会里，所谓的制造业或者工业，如果某种产品是一种"中间产品"，就意味着它必须为下一个"中间产品"提供配套，这种"配套"其实就是提供服务；如果某种产品是一种"终端产品"，在它离开了生产环节，进入到流通领域后，终端产品一方面将成为为消费者所服务的手段，另一方面，终端产品生产企业也要为该产品提供良好的售后服务，这样，企业的一切经营活动都进入了不同的"服务"范畴之中。

从这个角度看，社会的发展与生产力的发展以及生产方式尤其是服务的方式具有内在的同一性。因此，我们有必要讨论具有社会历史发展特殊性的服务内涵及其表现形式，从而在这个视角下揭示出社会发展的结构形式、动力系统以及支撑条件，以便更好地推进经济社会以及人自身的全面协调发展。

### 三、服务与社会结构的变迁

社会结构是人们社会实践活动的产物，也是人类摆脱纯粹的自然形成社会的重要标志。因此，社会结构变迁就表现为社会生产方式发生变革的过程。在服务型社会里，服务是社会发展的标准，服务引起社会结构的变迁，服务伴随着社会发展的全部过程。它具体表现在以下三个方面。

第一，社会结构变迁是生产方式变革的产物。社会结构的变迁是人们在实践活动中不断改变自身的存在状态与存在方式，从而不断改变着社会结构内部要素及其组合方式，使得社会结构从一种形态转变为另一种形态。因此，社会结构变迁既是适应人类社会实践的需要，也是人类实践活动的产物，因而是不同的生产方式变革的产物。在不同的社会形态中，将有不同的生产方式引导着整个社会结构的变迁。

人类社会将原来的耕作方式改变为制造方式是人类社会由农业社会结构转变为工业社会结构的重要方面，同样，将制造的方式转变为服务的方式则是从工业社会向服务型社会转变的重要方面。服务型社会由此成为那种以服务为主导的社会，那种基于现代服务业兴起之后给整个社会的经济结构、社会结构、政治结构以及文化结构带来了深刻转型与结构变迁的社会。因此，服务方式在多大程度上成为社会的主导将直接改变着人们的社会实践手段与方式，创造出更加符合人的需要、体现人的愿望与要求的社会实践内容，从而改变着社会结构形式，促进社会结构转型。

另一方面，生产力是引起社会结构变迁的原动力，生产力的发展推动着社会结构的变迁，社会结构的变迁则是生产力发展的必然结果。马克思认为，任何一种社会结构以及社会形态的变化归根到底总要受到社会生产力的制约，生产力是引起社会结构变迁的前提性因素。生产力以及由此所决定的经济基础决定着整个社会的上层建筑，人类社会的发展、社会形态的更替以及社会结构的变迁首先是物质生产的变迁历史。从这个角度看，社会结构变迁与生产力的变革具有内在的一致性。在服务型社会里，服务已经成为一种重要的生产力形态，并成为引起服务型社会结构变迁的动力源泉。因此，我们只有从物质生产力因素出发，把服务当成一种现实的生产力类型，才能把握人类社会结构的变迁历史，尤其才能够把握服务型社会的产生渊源，真正理解人类社会尤其是服务型社会结构变迁的动因。为此，我们就把引起社会从工业社会迈进服务型社会的原动力称之为服务，强调服务作为一种社会生产力促进服务型社会的产生，推动着服务型社会向更深层次的变革发展。

第二，社会结构变迁与社会发展相互促进。从社会结构变迁方向上看，任何一种社会结构变迁既有符合历史进步与时代发展潮流的变迁，同样也有阻碍历史发展、导致社会瓦解的变迁。因此，在具体的时空条件下，社会结构变迁有着方向性区别。我们把那种体现社会发展趋势的社会结构变迁称之为社会发展。由此形成了马克思、涂尔干、韦伯、帕森斯以及吉登斯、布迪厄等人的社会变迁思想。

帕森斯就认为，作为一个有机体的社会在自身发展过程中并不是永恒不变的。随着时空条件的转换，它必然要产生结构分化，将整个社会日益分解为各个相互独立又相互依存的行动系统。帕森斯认为，社会宏观及微观结构的变化，必然会导致社会各个系统之间呈现出更加复杂的关系，导致各个子系统的功能也发生相应变迁，从而推动整个社会的转型与变迁[1]。例如，企业作为经济子系统的一个组成部分，在工业社会、后工业社会以及服务型社会里，其作用并不一致。其中，在前服务型社会里，企业的

---

[1] 有的学者将它翻译为"价值实现"或"价值概括化"，但似乎翻译为"价值泛化"更合理一些。

本质就是生产，就是提供丰富的产品；而在服务型社会里，企业的本质不是生产，企业更多地承担着满足社会服务的功能，企业主要通过自己的活动为社会、为客户提供个性化的服务，任何一个企业及行动都处于整个社会服务中的一种服务方式、服务形态上，为服务所存在，为服务所发展。

帕森斯认为，正是由于"分化"导致了社会变迁。在这里，"分化"逐渐打破了原有社会结构内部的均衡，造成子系统之间的紧张，引起社会子系统的瓦解，导致社会的变迁。当然，社会变迁不等于社会进化与社会发展，只有能够导致社会分层的加快，科层制度的实行、市场体制以及法律意识的普遍确立、民主制度的采用以及相应政治文化的认同等变迁的才与社会进化或社会发展一致，反之，就不能称为社会进化或社会发展。

第三，社会结构变迁表现为社会互动，变迁方向是促进社会发展，推动社会进步。社会互动就是对他人采取行动或对他人的行动作出的反应。戈夫曼把互动看成"若干个体彼此直接在场所产生的相互行为"[①]。在吉登斯看来，社会互动是"我们对周围的人做出行动和予以反应的过程"[②]。从宏观层面上看，社会互动就是社会群体之间通过报酬的追求、欲

---

① 〔美〕欧文·戈夫曼：《日常生活中的自我呈现》，黄爱华等译，浙江人民出版社1989年版，第14页。

② 〔英〕安东尼·吉登斯：《社会学》（第四版），赵旭东等译，北京大学出版社2003年版，第900页。

望的支配而改变着原有的社会结构，促进原有社会结构在时空范围内的转型与变迁。

从服务型社会角度看，群体之间已经从原来的那种相互控制的关系转变为相互依赖、相互服务的关系，这样，互动就成为服务型社会最重要的方面，服务产生了互动，服务推动着互动，服务成为社会互动的重要媒介，服务成为联系个人与群体之间的扭结与桥梁，进而推动社会从前服务型社会向服务型社会的转变。按照布劳的看法，社会互动导致社会结构的变迁主要是由于社会生产力的发展、生产方式的改变以及价值观念的变革，尤其是一套共享价值观的变革。生产方式以及价值观等诸要素中总是包含着反对现行社会结构的成分，或者说，现行的社会结构中总会有一些方面不能满足生产力、生产方式以及价值观发展的要求。从而导致两者之间的不协调，推动社会结构的变革与进步。从服务作为服务型社会中一种独特的生产力要素来看，布劳的看法富有见地。

## 第三节　服务成为社会结构变迁的动力

由于把生产力与生产关系相统一的生产方式作为引起社会结构变迁、推动人类社会发展的最终决定因素，努力从一种新型社会生产力——服务的角度去分析服务型社会，因此，有必要探究一下社会生产力的内涵及其结构变迁。

### 一、服务作为一种社会生产力

按照马克思的理论，生产力是促进人类社会进步的最终决定因素。人类社会所经历的各种形态以及由此产生的社会形态的更替归根到底都是社会生产力及其生产方式作用的结果。同时，无论社会政治、经济、文化以及意识形态如何发生变革，也是由生产力所决定。

在马克思的社会发展理论中，生产力这个概念有两种基本含义。第一种含义是指生产力诸因素；第二种含义则是指生产水平、生产效率。在这里，它与"劳动生产率"是同一含义。本书主要从发展性角度去理解生产力，把它理解为"劳动者或劳动力"、"劳动对象"以及"劳动资料、劳动手段或者叫劳动工具"的结合，生产力就是这几个方面的有机统一。之所以这么理解，我们可以从马克思的资本论中得到很好的证明。在《资本论》第一卷第五章第一节《劳动过程》中，马克思说："劳动过程的简单要素是：有目的的活动或劳动本身，劳动对象和劳动资料。土地（在经济学上也包括水）最初以食物，现成的生活资料供给人类，少数人对土地及其自然产品的垄断，就剥夺了多数人走上勤劳致富道路的本钱。进一步地，少数人对生产资料（劳动对象和劳动资料）的垄断也是如此。而资本家之所以成为资本家，就在于对生产资料的垄断。一个真正公平的社会，不在于让所有的人平均分享所有人的劳动成果，因为那只会不公平地使一些人无偿占有其他人的劳动成果，而在于它能给每个人以最初的生存和劳动之本，使他们不至于必须在别人的残酷剥削下才能够苟延残喘。而这只有在生产资料不为私人所有的社会里才是可能的。"①

在这里，马克思的生产力概念包括劳动力、生产工具和劳动对象三个方面。劳动者是生产力诸要素中的主体，劳动者自身的劳动能力、劳动水平以及劳动力的大小直接决定着生产力发展水平及其发展状况，劳动者也决定着劳动工具（生产工具）的水平。正如马克思所说，"不论生产的社会形式如何，劳动者和生产资料始终是生产的因素"②。从服务型社会角度看，"服务"本身已经成为劳动者的劳动能力，劳动能力体现着劳动者的服务能力，服务能力体现着劳动者的劳动水平、劳动本领、劳动范围等，因而，服务与生产力发展水平及其发展现状相一致。在人类历史上现存的各种不同的社会形态中，由于劳动者与劳动对象以及劳动工具的结合方式不同，产生了不同形态社会生产力，并表现为不同的服务特性。

在初民社会里，劳动者所使用的劳动工具极其简陋，因而只能在有限的范围内从事生产，劳动对象以及劳动范围非常有限，这样的社会几乎没有任何的服务可言；到了奴隶社会，劳动者的主体性让位于劳动工具，劳动者自身也成为一种劳动工具，这时，人类社会实现了劳动者与劳动资料以及劳动对象的初步结合。在这个社会里，服务的范围是非常狭窄的，而且只是一种单向度的存在、单向度的服务，这种服

① 马克思：《马克思恩格斯全集》第23卷，人民出版社1972年版，第202页。
② 马克思：《马克思恩格斯全集》第24卷，人民出版社1972年版，第44页。

务体现为一种"主奴"或"尊卑"关系。到了封建社会里，作为生产力主体的农民（农奴、佃农以及自耕农等）从本质上讲仍然依附于封建地主，他们只有完成了地租以及各种赋税等义务之后才能实现与劳动资料（土地）的结合，因此，他们所得到的只是有限的服务，这里的服务仍然服从于土地所有者。到了资本主义社会，工人只有把自己当成一种劳动资料——商品之后，才能与劳动工具以及其他生产资料相结合，因而，这样的服务不属于工人本身。当人类历史进入到了高度发达的工业化社会以及后工业化社会后，劳动者、劳动对象、劳动资料出现了高度的统一与有机结合，他们统一在生产运行的标准服务之中，服务成为一种独立的生产力要素，服务成为吸收科学技术成果的重要力量，服务与劳动者、劳动对象以及劳动资料一样成为了一种独特的社会生产力形式，而且是对劳动者、劳动对象、劳动资料的整合，社会发展出现了服务生产力，服务生产力又推动了服务型社会的进一步深化与发展。

当然，马克思认为只有进入到社会主义或共产主义社会里，劳动者的劳动才是自由的劳动，劳动者才是以一种平等自由的方式与劳动资料及劳动工具相结合，而作为生产力的服务会更加彰显人与人之间的平等关系，这样的服务才是在完全平等基础之上自由的服务。这表明，各个要素在不同社会形态中的生产力概念内涵地位与相互关系是不同的。

## 二、服务视角下的生产力演变

生产力是最活跃、最革命的因素。人类社会形态的演变、社会结构的变迁从根本上讲都是生产力发展的结果，也是由生产力推动的。生产力之所以成为社会生产中最具活力和革命性的因素，除了与生产关系的矛盾运动之外，还有其内涵的不断变化以及不同的生产力要素在不同社会形态中作用的不同等因素。这种内外部因素的变化使得生产力得到了极大发展，社会形态的逐渐更替，愈加显示出生产力具有动态性、变革性、动力性特征。从人类社会生产力发展形态来看，借鉴国内外学术界的观点，我们可以把生产力大致划分为四种形态。

第一，生存型生产力形态。生存型生产力形态就是从旧石器时代的原始社会开始，或者说从人类能直立行走开始的生产力。无论是在旧石器时代，还是在中石器时代，以及到了新石器时代，人类的基本生活和发展目标就是如何抵御来自自然的威胁，保护自己的生命存留而不被毁灭。石器时代人们基本的生产工具就是简单的打制石器。后来为了对抗动物的侵袭发明了弓箭等，这拓展了生产力内涵。大约在公元前5000年，青铜器成了生产力象征。总之，原始社会无论是打制石器、青铜器等，还是由于母系氏族的维持而产生的生产力，其目标就是人类本身的生存。

第二，个体体力型生产力形态。这一阶段主要指封建社会阶段。在工业革命以前，社会生产主要以体力劳动为主，人们只拥有相对简单的生产工具进行简单的劳动，这种劳动主要依靠世代积累的经验、常识乃至宗教与巫术进行生产，而基本没有人的身体替代力量的技术和工具，即使有相对可以给人体带来些许解放的粗糙工具，也是要首先靠人的力量作为支配，此时，基本谈不上掌握科学技术知识，生产力水平极其低下，人们主要是围绕土地生活，生产中的服务因素基本上没有形成力量，劳动者直接面临着人与自然的矛盾和挑战，劳动者不得不在适应自然的过程中改造自然，与自然抗争，相应地，整个社会的产业结构类型就表现为种植业、养殖业以及简单的手工加工业，服务也仅仅在生产中成为一种生产过程的延续。

第三，技术型生产力形态。近代以后随着"知识就是力量"口号的提出，人们把自然作为服务自身的对象，发出了"向自然进军"的号召。这样的生产力实现了体力与智力的结合，人们更多地依靠科学技术而不是经验与常识从事日益复杂的社会生产，此时，生产当中出现了自动化方向，而且生产的自动化程度越来越高，以至于替代人的体力而进行生产和社会活动。将科学技术运用到生产领域并越来越显示出替代人体的动力，使得人类在改造自然、使自然为人类所服务的过程中越来越得心应手、游刃有余，科学技术极大地推动着整个社会生产力的发展。

从生产工具的角度看，人类社会从摆脱生存型生产力形态到进入技术型生产力形态时代，从普遍地使用人力、畜力以及其他简单自然力进入到使用机器等较为复杂的动力时代，直至进入到电气化时代。在这里，工业品的制造成为整个社会的核心，服务成为工业生产中的一个方面，为工业生产所配套，成为工业生产链条中的延伸。从这个意义上讲，"服务"就是延伸了的"制造"，"制造"就是包含"种植"与"服务"的制造。事实上，正是这种生产方式的变革引起了近代工业社会的生产力极大发展。这正如马克思所总结的那样："资产阶级在它的不到一百年阶级统治中所创造生产力，比过去一切世代创造全部生产力还要多，还要大。"①所以，马克思不无中肯地指出："资产阶级除非对生产工具，从而对生产关系，从而对全部社会关系不断地进行革命，否则就不能生存下去"，"生产的不断变革，一切社会状况不停的动荡，永远的不安定和变动，这就是资产阶级时代不同于过去一切时代的地方"。②

第四，服务型生产力形态。主要表现在 20 世纪 80 年代以后，随着科学技术、生产分工的细化，人们更加注重优势专业的发挥，而信息技术的发展与应用，更使全球化成为可能和样板。在这样的社会形态里，农业的生产过程延长，农业注入了服务的要素，并以服务统领整个农业；以机器大生产为主导的制造业分工变细，使得整个制造业成为服务中的链条，制造服从于服务的需要，成为服务的一部分；以现代服务业为代表的第三产业显示出更高的效益。各种产业在发展过程中都逐渐改变自身原有的形态，而成为"服务"作用下的成果。此时，服务已经成为各个产业的主导，服务也成为整个社会运行的主导。相应地，服务就越来越成为传统三次产业的统领核心和灵魂，作用于整个产业之中，"服务"也就成为包含第一、二、三次产业在内的"服务"，三次产业只是

---

① 马克思:《马克思恩格斯选集》第 1 卷，人民出版社 1995 年版，第 277 页。
② 同上书，第 275 页。

在"服务"的背景下才具有价值。于是，整个社会的生产力也越来越从自然和机器、技术形态的生产力转变为服务形态的生产力，服务成为产业发展、进步、成功的标准。在这里，服务更多地依靠那种高度分化的产业，高度发达的信息技术和现代管理知识得以形成，并融合了经济学、社会学、管理科学以及法律等诸多学科的经济社会活动。因而，它一旦作为一种独立的生产力形式就引发了整个社会类型的巨大变革。

### 三、服务作为社会生产力的特征

从服务的视角审视生产力的演变，我们发现，服务型社会中作为生产力的服务是一个相对的动态概念，它显示出如下三个基本特征。

第一，服务作为生产力具有社会性。在社会领域，服务型社会中的行动者同样不是单一的自然个体，而是社会的结合体，在它的身上体现着社会的因素。所以，马克思就曾经说过："人的本质不是单个个体的抽象物，在其现实性上，它是社会关系的总和。"[①] 这就是说，生产力这个概念更多地体现着社会的因素，是不同的个体组成社会群体进行大规模的社会生产。在这个过程中，各种生产要素在社会范围内进行配置和流动，所有的生产资料从单个个体的使用转变为全体社会成员的共同享有，社会产品也从个人的直接生产转变为社会的共同生产物。随着社会的发展，这种社会性趋势会越

----

① 马克思：《马克思恩格斯选集》第1卷，人民出版社1995年版，第56页。

来越明显。从历史上看，生产的社会化到了封建社会后期就已经开始；而到了资本主义时代，生产的社会化、国际化越来越明显，总体上看，在那个时代，服务仍然还没有成为一种独立的生产力要素，服务还没有完全成为一种社会性的存在。

今天，服务已经成为一种重要而独立的生产力要素，一种重要的生产方式，服务推动着生产要素的重新组合，服务推动着社会生产力的空前发展，社会大生产、大流通达到了前所未有的高度使得服务成为一种普遍的社会现象与社会存在，跨国公司的产生把服务的配置推向了更加广阔的范围，服务日益突破了民族与国家的界限而成为全球化共有的生产方式。

第二，服务作为生产力具有知识性。生产力的发展历史表明，生产力的一切发展是以科学技术为支撑点，科学技术的发展推动着生产力的发展，生产力则是科学技术发展的必然结果。当今社会，服务作为一种生产力其中仍然凝结着整个社会的智力，体现着劳动力的体力与智力的完美结合。这正如恩格斯所言："科学的发生和发展一开始就是由生产决定的"，"社会一旦有技术上的需要，则这种需要就会比十所大学更能把科学推向前进"。[①] 这就是说，科学技术的发展标志着社会生产力的发展，社会生产力的发展反过来又会推动科学技术的发展，科学技术由此便从原来的非独立因素变成相

---

① 恩格斯：《马克思恩格斯选集》第 4 卷，人民出版社 1995 年版，第 732 页。

对独立的因素，对整个经济社会的贡献越来越大。服务作为生产力，是在科学技术高度发达之后出现的。不同行业、不同门类、不同单位等分别掌握着不同的技术和优势，连接这些技术和优势互补是社会发展的成就，将产生更强大的生产力。在服务型社会里，服务依靠现代科学技术把不同技术集合在一起，不同资源集合在一起，形成了新的技术、新的资源，成为更有力的推动社会进步的强大力量，进而成为社会发展的推动力。服务因技术分工的需求应运而生，服务也因技术进步而从原来的被支配地位转变为主导地位，从而体现出服务的必然性与可行性的统一。

第三，服务作为生产力具有发展性。变化与发展是生产力概念最基本的特征，变化与发展体现着生产力的发展性。劳动者自身能力或素质的提高、劳动工具的改进都对生产力的发展产生巨大影响。在不同的社会历史条件下，生产力有着不同的内涵，原始的初民社会里只能形成简单而粗放的生产力，生产力中的各个要素及其配置相当简陋；而到了现代资本主义社会则形成了高度发达的社会生产力，生产力要素之间的配置更加科学合理，更加精细和富有效益，使得生产力所包含的三个基本要素及其内容在不断地向前发展，从而推动着社会生产力的发展。今天，生产力在自身的发展过程中把服务纳入于其中，并使得服务成为生产力诸要素中的重要一环：种植业成为服务的存在物，种植的本质就是为服务所为；制造业成为服务的载体，制造成了为服务而存在的制造，没有服务的制造是无法生存的，更不要说发展了。与此相应，在服务型社会里，没有服务的农业，没有服务的制造业，没有服务的服务业是不可能存在的，这就使得服务成为各种生产力要素当中的一个独立要素。但是技术的进步，生产形态的变化对服务的要求和标准也会不断改变，所以，服务的手段、方式、模式等也必须不断发展与提升，这样才能适应不断变化的社会生产运行，这就使得服务生产力具有发展性特征。

当今社会，服务作为生产力的一种所具有的知识性、社会性以及发展性等特征令整个社会的产业结构发生了重大变化，服务在整个社会各个产业中的作用越来越大，地位越来越突出。各个产业越来越依托于服务、服务于服务，都在为社会提供力所能及的服务，使得服务成为这个社会的标准，服务型社会已经来临并浸入到我们的日常生活之中。因此，积极探索由社会生产力变革所引起的产业结构调整情况以及由此兴起的服务型社会就成为我们这个时代的重要课题。

# 第二章 · 服务型社会的内涵

上文我们分析了生产力的发展导致了整个生产方式的变革，产生了新的生产方式及其刺激产业发展的推动力——服务，认为服务将成为推动现代经济社会发展的重要力量，从而使得今天的人类出现了与以往任何时代所不相一致的社会类型以及社会图景。为此，我们把它称之为"服务型社会"。下面，将着重阐述服务型社会这个命题的含义与原理、服务型社会所具有的特殊性以及整个服务型社会的组织结构与组织体系。

## 第一节　服务型社会的产生

关于服务型社会，人们的第一个反应可能以为它是一种服务业高度发达的社会，或者认为服务业发展到一定程度之后就可以称之为服务型社会了，这样的理解其实完全不是本书所要论述和研究的服务型社会。

人们对于服务型社会的第二个反应可能以为它是一种与工业社会、后工业社会或者信息社会相对应的社会型态，或者认为服务型社会是工业社会、后工业社会的下一个发展阶段或发展形式，或者把它当成信息社会的下一个发展形式，其实，这样的理解也完全曲解了本书所提出的服务型社会的本来含义。

一方面，对本书所提出的服务型社会的理解必须脱离一般意义上的社会型态概念。在马克思、涂尔干、韦伯等人那里，社会的发展表现为社会形态的更替，马克思就认为，社会的发展表现为人类社会从原始社会、奴隶社会、封建社会向着资本主义社会以及共产主义社会的转变，涂尔干则把社会形态的转变理解为从"机械团结"到"有机团结"的变迁，而韦伯则把它们概括为由"传统型社会"向"卡利斯玛型社会"以及"法理型社会"的转变。而本书则把当今社会新出现的社会类型称为"服务型社会"。这种社会类型不是对以往社会形态的否定，不意味着一种直线式的社会发展，而是意味着在马克思等人所说的社会形态中出现了新的社会类型，因而是一种并列关系。再强调一些说，服务型社会不是对现有社会形态的否定，而是在现有的社会形态基础之中而不是之后新出现的一种社会类型与社会图景。

另一方面，对本书所提出的服务型社会的理解必须脱离一般意义上的服务业概念，而一定要把它建立在对整个社会生产力变革以及生产方式更新基础之上，明确服务型社会的服务是一种社会发展的思维模式，动力手段，是一种具有标准意义的东西，这种标准意义的服务概念不仅贯穿于整个社会的全过程，而且成为任何社会主体存在与发展的关键，这样才能使得我们的研究得以展开，从而准确地把握服务型社会这个概念所具有的内涵。

按照生产力理论，生产力是社会变革的最终决定力量。生产力的进步是人类社会发展的必然，也是人类社会文明与进步的标志，它推动着社会结构以及社会形态的改变，社会因此而产生了不同的社会发展形态。经典社会学理论认为，生产力的发展使得人类社会相继产生了"机械型社会、有机型社会"、"军事社会、工业社会"、"传统型社会、卡利斯玛型社会以及法理型社会"。马克思更直接地把它们概括为五种社会形态。社会学家们对于社会形态的理解为我们提供了分析社会的多维视角，启发我们要站在历史与时代的交汇点上，把握人类社会发展的一般规律及其当代社会发展的实质。

从产业类型上看，我们可以把人类社会概括为集权专制型社会、分权管理型社会，也可以把人类社会划分为以种植业为主的农业社会、以制造业为主的工业社会、以科学技术为主导的后工业社会；当然，从社会统治角度还可以划分为专权型社会、法制型社会以及德治型社会。而历史发展到了今天，笔者认为，它已经进入到了一个服务型社会阶段之中，社会的基本特质体现着服务，服务成为现代社会的重要标志，服务成为今天社会的一种最重要的生产力，服务成为最重要的推动生产力发展进步的手段和思维模式的趋向、可能，已经是当今以及今后社会的现实。下面，我们再从产业的革命性变迁、服务的渗透、社会部门的变化、社会管理的转向以及政治统治的变革五个方面分析服务型社会的产生。

## 一、产业革命推动服务型产业的变化

从历史上看，自 18 世纪以来，人类经过了四次产业革命，分别是以蒸汽机的广泛使用为主要标志的第一次产业革命，以电力的广泛应用为主要标志的第二次产业革命，以原子能、计算机、外层空间以及合成材料广泛使用为标志的第三次产业革命以及以新能源开发与利用为标志的第四次产业革命。这四次产业革命都是以生产手段、生产材料等有形物的变革为推动力的。

第一次产业革命产生了纺织、机械制造、铁路运输、煤炭等工业；第二次产业革命诞生了电力化工、冶金汽车等制造业；第三次产业革命则兴起了电子计算机、合成材料、信息技术等工业；而第四次产业革命则推动了能源产业的发展。以生产技术革新为主导的四次产业革命都产生了与之相适应的生产力。不仅如此，四次产业革命同样也引发了整个产业结构的优化，使得制造业在不断丰富与拓展的同时导致服务性经济的创立以及整个服务业的兴起，制造业的性质与功能不断变窄，而服务的性质与功能不断拓宽，经济体系当中的这种变化使人们无不得出服务业在整个经济中的比重越来越大、越来越重要这样的结论。以美国为例，按照贝尔的分析，美国早在 1969 年服务业就占国民生产总值的 60.4%，占整个劳动力的比重达到 61.1%[①]；1984 年服务业占整个国民生产总值的 66%，到 2000 年，美国服务业产值已经占整个国民生产总值的 79.6%，占整个劳动力就业的比重超过 79.2%[②]。而日本服务业占整个 GNP 的 78%，德国为 67.3%，中国香港为 85.6%，新加坡占 65.2%，韩国是 52.9%，泰国达到 49.3%，巴西为 64.3%，印度约 48.2%[③]。毫无疑问，四次

---

① ［美］丹尼尔·贝尔：《后工业社会的来临》，商务印书馆 1984 年版，第 22 页。

② 景跃军、王晓峰：《美国三次产业结构现状及未来趋势变动分析》，《东北亚论坛》2006 年第 1 期。

③ 韩玉军、陈华超：《世界服务业和服务贸易发展趋势》，《国际贸易》2006 年第 10 期。

产业革命导致了服务业在三次产业结构中的比重不断增大。

除此，我们还可以从另外一种思路上去进行一些分析和研究，即服务性经济也并不一定是服务业经济，二者并不一定是等式关系，把服务性经济行为归类到服务业之内过于简单化了，也并不科学，举个典型的例子，如服务外包产业，如果按目前的标准是划归为服务业之内，这种归类方法显然是不科学的，但由于认识层次的原因，更由于目前通行的产业划分标准概念的局限性，人们从产业结构的变化所得出的普遍结论和看法是第三产业作用的不断增强，第三产业的占比不断扩大，第三产业对经济的拉动力越来越大。事实上，这种所谓的服务业比重的扩大给我们带来的真正意义的东西并不在于服务业本身的发展，而是服务业发展给人类社会发展带来的崭新的观念，带来的思维方式的革命以及思维工具的革新。那就是，服务概念的产生，服务概念内涵的改变，服务性的思维模式，服务性的手段工具，等等。所谓服务性经济的扩大，其真实的意义也并不在后者，而是社会发展动因及促进手段的诞生和改变，社会运行标准的形成。

## 二、服务在服务型产业中的渗透

从产业结构变动的情况来看，服务型社会里任何一种产业都蕴涵着服务的理念、服务的工具以及服务的流程。从生产过程看，服务型社会里任何一个生产过程所包含的生产经营主体都会呈现出更加分散、更加专业化的趋势，生产与经营主体会越来越多，服务成为三次产业结构变动及生产发展的强大动力与可靠保证，它明显地体现出服务型社会的端倪和特征，预示着人类社会正在迈进一个拥有不同于以往任何时代的社会发展动力及其手段的社会。

就世界范围内而言，近代以来，发达国家产业结构内部正发生着新的变化。现代制造业已经不是那种产、供、销都由某个经营主体亲历亲为的年代了，代之而起的则是由许许多多的经营主体按照各自优势共同完成。这种情况不仅仅发生在制造业领域，而且也发生在种植业、养殖业当中，更为突出的是，它也发生在第三产业中。在今天的社会里，服务确实已经成为贯穿于传统三次产业的核心，成为三次产业得以生存的纽带。

从这个角度看，今天的产业结构已经不能简单地划分为农业、工业和服务业了，农业、工业、服务业不再是一个个相互独立的产业类型，特别是生产部门，它们不再为了生产而生产，而是把生产作为提供服务、满足服务的途径、手段和工具，二者围绕着如何更好地为他人、为社会提供各种服务而展开。过去那种纯粹解决吃饭问题的种植业，过去那种一门心思为社会提供更多产品的制造业，那种纯粹为了卖出商品的流通服务业现在也已经越来越变得不纯粹，取而代之的是以服务为标准的运行。

### 三、社会机构设置的改变

一般来讲，传统的社会机构的设置总是为了规制经济发展而设置。而当今社会却出现了不再按照行业规制管理设置的社会部门，出现了按照为社会某一行业、某一群体提供专业、专门服务的社会部门。其中最为突出的一点就是：如今整个社会越来越产生出一个新的社会部门——非营利性部门，从而超越了以往控制性、规制性的社会部门以及营利性部门。

在前服务型社会里，产业经济在整个社会体系中占据绝对主导地位。社会部门的设置，特别是公权力部门机构的设置都是围绕产业经济活动而展开的，社会部门的设置也是与经济部门相对应、相一致、相适应，社会部门在整个经济体系中只是起着从属作用，处于补充和次要地位，有什么样的经济部门才会设置与之相适应的社会部门，社会各部门在很大程度上就是为本经济行业提供相关保障，并为本行业的发展提供资源。为了适应工业革命兴起纺织业，各个国家成立了纺织部；为了配合公路铁路的建设，政府成立了交通部和铁道部；为了适应不断发展的机械制造业，各个国家都相应地成立了机械工业部；为了适应信息技术的发展而成立了信息产业部，等等。在服务型社会产生以前的各种社会形态里，社会各种机构都是围绕着社会上所出现的相关产业类型而设置的，社会部门也因此成为产业部门的配套而不具备自身的独立性，更缺少服务性。

但是在服务型社会里，人们不再单一地按照产业类型设置各种社会机构。社会部门的设置更不仅仅是配合政府部门的管理和规制，而是按照如何更好地为某一行业、某一群体提供服务、满足人们的各种需求、适应人们的全面发展而设置相应的社会部门。社会部门的设置更多地考虑到人的因素，它将更多地按照社会运行的规则界定自身所应拥有的内容与形式、结构及功能，公权力设置的经济部门同样也改变了以往纯规制、纯管理性质而带上了更多的服务元素和色彩。例如，公权力设置的投资促进机构、投资推广机构等，这些机构更多地带着服务的意图，为本国或本地区的经济发展提供服务。在这里，外资部门不仅仅只是外资的引进，而是为经济社会的发展提供服务。因此，服务型社会里的社会机构不再是经济的规制和管理，社会部门的设置也不再是补充与派生，而是取得了相对独立的性质与地位，这种相对独立性往往具有巨大的能动作用，它反过来规制乃至决定着经济部门的运作，经济部门与经济发展甚至要围绕着社会部门来不断调整自己的增长方式，为社会部门进而为整个人类提供更好的相关服务。比如国际上的"绿色和平组织"，"年轻人世界"，美国"青少年俱乐部"，美国"消费者文教基金会"等典型的非营利性组织对人类社会的经济发展就具有相当大的影响力。服务型社会里大量涌现的各种非营利性部门将日益成为整个社会的主导力量之一。在前服务型社会里，特别是在现代工业社会以及后工业社会也出现了非营利性组织及部门，但往往是零星而不成规模，仅仅是各种营利性部门的补充，缺乏自身应有的独立性。20世纪80年代以后，各种非营利性部门如雨后春笋般地不断涌现。美国人塞拉蒙发现，1994年美国的非营利性部门已经达到137.5万个，成为与政府部门、市场经济部门并驾齐驱的独立性部门。这些非营利性部门不是为管理者或公司谋取利润，所有参加者都采取自愿原则，它主要为民众提供廉价甚至免费的服务。如提供相关养老、医疗、失业、工伤以及救灾救济等公益性事业。另外，随着经济社会的发展，近10年来非营利性部门发展更为迅速。这些非营利性部门的产生为社会提供了更好的服务，促进了社会整合，减少社会矛盾与社会冲突，努力转变政府、企业等部门和机构的公众形象，这是服务型社会来临的又一个显著标志。

### 四、强调服务的社会终究会使社会管理完全实现从规制转向服务

以往的社会管理总是把人以及其他事物当做需要管制的对象加以看待，从而设置了日益精细化的管理制度以及管理模式，把人以及其他事物陷入到了理性化的铁笼之中。今天，人们更多地强调以服务为标准，认为管理的本质就是提供服务，只有服务好对象才能管理好对象，倡导为对象服务而不是索取，为整个社会提供更为便捷的服务而不是进行社会控制与社会管理，更多地注重以人为本、社会关怀，而不是进行社会控制。

从历史上看，人类在从农业社会走向工业社会过程中产生了一个极其重要的社会管理与社会控制方式——韦伯的科层制。作为一种社会管理方式，它强调权力要依赖于职位及其职能进行分工，以规则进行社会管理与社会控制。韦伯甚至认为，科层制的社会管理与社会控制是工业社会中最具代表性、最为合理性的组织形式与管理方式，科层制强调专门化、标准化、等级化、规则化、非人格化以及技术化，包括

各个成员在内的所有社会群体、社会组织以及社会运行都受到规则的制约，社会成员的行动更多地体现着社会目标，个人的情绪不得影响组织的理性决策。其中，处于层级低的成员要服从于上一层级人员的管理与控制。按照韦伯的理解，科层制工业社会以来进行的社会管理与社会控制是一个不可逆转的发展趋势，从而使得整个社会一切工业组织、政府机构以及其他组织等都经历着科层化发展历程，进而成为社会控制与社会管理的一种普遍存在的方式①。

在服务型社会进入到发达的、理想状态的时候，服务会自然成为一种社会控制方式、措施手段，这样运行的结果就是强调整个社会的运行要依赖于服务，整个社会的职业与阶层划分要依赖于服务，在这个社会里，"平等"与"尊重"是这个社会里最受欢迎的两个词汇，它也是真正引领人们从抽象的平等与尊重走向具体而历史的平等与尊重。这样的平等注重机会的平等，给予社会上每一个个体公平竞争的权利；这样的尊重强调给予社会上每个人以平等的地位，尊重每一个个体所拥有的独立人格，给予他们更多的关怀，并力图为每个人提供展示自我、奉献社会的机会。服务型社会强调个性化、便利化、人性化、平等化，认为包括各个成员在内的所有社会群体、社会组织以及社会运行都坚持服务的理念，社会成员的行动更多地体现着服务的价值理念。因此，这样的社会"反对出身的优先、裙带关系的优先、托庇的优先，也反对不根据才智、志向平等

---

① ［美］戴维·比瑟姆：《马克思·韦伯与现代政治理论》，徐鸿宾等译，浙江人民出版社1989年版，第65页。

地参加公正竞争的任何分配地位的标准"①。所以，在服务型社会里，社会主张特殊性而不是普遍性，社会个体之间强调相互欣赏、相互尊重而不是彼此控制，更不是科层式的管制。因此，服务型社会逐渐抛弃了以往社会形态中两极对立的社会阶级，代之而起的则是新阶层的出现、各个阶层之间的平等以及原有阶层之间的渗透与融合，甚至更多地出现了许多混合型阶层，这正是服务型社会的真实写照。

以科层制为核心的社会管理必然会把整个社会日益划分为控制阶层和被控制阶层，也就是管理阶层和被管理阶层。因此，在前服务型社会里，整个社会日益分裂为马克思所说的"两大对立阶级"就不可避免：一个阶级剥削另一个阶级并试图占有他们的劳动，而被剥削阶级则会反对剥削阶级的统治、管理与控制，从而使得阶级斗争成为阶级社会发展的直接推动力。即使在贝尔所说的后工业社会里，由于产生了新的社会阶层，这些阶层之间也是依据某种社会规范加以控制。

但是，在发达的、理想状态的服务型社会里，社会不再分裂为那种非此即彼、两极对立的社会阶层，而是兴起了众多的中间阶层，各个阶层之间彼此平等、相互尊重，真正实现了"人人为我、我为人人"的服务精神，各种新的社会规范更加注重灵活机动，彰显"以人为本"。正如1972年的《欧洲》杂志所言："在西德大约有两千家公司里，全国性的

---

① ［美］丹尼尔·贝尔：《后工业社会的来临》，商务印书馆1984年版，第469页。

严格遵守时间的观念已经消失得无影无踪了，原因是生产已经推定了灵活工时，也就是说自由安排时间了。"① 当然，减少控制，增加关怀的前提必须是在社会文明发展到一定阶段的产物和必然，而今天的社会文明已经有了相当的根基。

### 五、政治统治从管制转向服务

从政治统治来看，随着经济社会的发展，服务型社会将逐步摆脱以往由军人治国、政治家治国这样一种政治统治模式，起而代之的则是技术治国、民主治国以及服务治国，甚至走向"哲学王治国"②。因此，在服务型社会里，民主治理国家真正成为可能。

前服务型社会注重社会管理与社会控制，作为反映经济社会发展规律的社会统治常常以集权的形式表现出来，以便反对松散的政治统治。无论是早期的《汉谟拉比法典》还是近代英国的《伊丽莎白法案》以及 18 世纪的美国宪法都体现着集权的特点；苏联国家在 20 世纪 30 年代，为了加速工业化建立一个高度集中的政治经济体制，甚至很小的生产经营活动以及政府管理事务，都必须由掌管计划的中央政府官员作出决定；再如，中国历史上各个朝代为了加强中央集权所采取的经济、政治以及军事措施

---

① 转引自［美］阿尔温·托夫勒《第三次浪潮》，三联书店 1984 年版，第 338 页。

② 这是柏拉图在《理想国》中的一句名言："除非哲学家就是王，或者这个世界上的王和君主都具有哲学的精神和力量，使政治的伟大和智慧合而为一，并把那些只追求两者之一而不顾另一的平庸之辈驱逐到另一旁去；否则城邦就不会免于灾难而得到安宁。"参见［英］罗素《西方哲学史》（上），商务印书馆 1996 年版，第 160—161 页。

等也体现着集权的特征。与这种政治集权相适应的就是在前服务型社会里，政治统治与军人统治也就是政治家与军事家相互结合起来组成一个强大的政治网，以此来规范和制约整个社会的行动。到了工业社会，生产的发展改变着政治统治权力的组合方式，在人权、民主的旗帜下，军事家开始推出主导地位而转让给技术官僚阶层，于是政治家和工业领袖以及其他技术精英组成联合政府，采取更加精细化的方法加强整个社会的政治统治。

工业化以来政治统治方式、领袖人物的变化实质上都体现着政治统治的集权特性。唯一不同的就是把整个社会以及社会上的每个人从一种被统治状态转移到另一种统治状态之中。可以这么说，在前服务型社会里，泰勒、法约尔、韦伯等人所创立的科层制不仅广泛应用于生产领域，而且已经渗透到政治统治及社会管理领域，甚至渗透到整个社会的一切方面、一切领域，从而把整个政治、经济、社会都陷入到科层制的牢笼之中，使得整个社会越来越"麦当劳化"而失去了自身应有的丰富性①。

在服务型社会里，人们将抛弃以往社会统治的非人化倾向，因为它有可能导致整个社会走向它的反面，甚至走向自我消亡。因而在政治统治方面人们不再追求"民主是少数人服从大多数人"的游戏规则，而是强调尊重少数派的权利，注重间接民主，强调决策分工与合作，主张政治就是一种为

---

① 参见［美］乔治·里茨尔《社会的麦当劳化》，顾建光译，上海译文出版社1999年版。

选民进而也就为自身提供某种服务、以便实现自身价值的工具，政治的本质就是向选民阐释政见，为选民提供政治服务，让选民更好地获取自身的政治权益。服务型社会里的政治因此也不断扩大权力结构，完善领导班子，以便更好地为选民及自我提供个性化服务。服务型社会也将不断抛弃"麦当劳化"的政治统治，抛弃"科层化"、理性化的政治管理，强调个性化的选民、个性化的政治事项，追求政治服务中的个性特质以及情感特质，注重为选民、为社会提供政治纲领与政治目标。

从政党联合的角度看，在服务型社会里，国家不再组成相互对立的利益集团，国家以更加独立性、更加个性的方式展现在世人面前，各个国家的独立性与尊重个体的差异性、展现自身的价值包容性紧密相连，各个国家也很难动员多数人组成利益集团进行国家统治，世界很难再分裂为势不两立、老死不相往来的对立阵营，政治多极化将是必然的趋势。

从政治统治的群众基础来看，服务型社会强调以少数派为主体的社会群体是这个国家的未来，代表着这个国家的政治发展方向，因为他们能够在最大范围内团结各个社会利益群体，能够为社会各个利益群体提供政治服务，因而他们也就是中间路线的执行者、拥护者以及实践者。所以，在这样的社会里，成千上万的少数派都将连接成一个崭新的过渡形式或政治组织，使得投票率始终处于较低的水平，各个政党的得票率很难超过半数，进而削弱了传统两级对立的政治统治根基，真正变原来的政治统治为现在的政治服务。这正如托夫勒在《致开创美国基业的先祖们》的一封信里所强调的那样：在未来的社会里，"没有一个政府，没有一种政治制度，没有一部宪法，没有一个社会，是永世长存的。过去的决定，也不能长久地束缚未来。为一种文明设计的政府，的确不能适应另一种文明"①。托夫勒之所以作如此的预言就在于未来的社会就是一个服务型社会，托夫勒在那个时代对未来社会的这种预测在某种程度上印证了今天社会变革的必然以及本书所提出的新型社会来临的必然。

## 第二节　服务型社会的基本内涵

当今社会在经济结构、产业发展、社会管理以及政治治理等方面出现了许多不同于以往社会的新情况、新规则、新形态，我们试图把这样的社会称之为服务型社会。为此，就有必要探讨一下服务型社会所具有的特殊性含义、服务型社会对以往社会的超越等，从而更好地把握这种社会类型，展示出这种社会类型的独特价值与独特功能。

### 一、服务型社会的定义

毫无疑问，服务型社会是一种不同于农业社会、工业社会为基础的全新的社会形态或社会类型，这样的社会形态同

---

① ［美］阿尔温·托夫勒：《第三次浪潮》，三联书店1984年版，第518页。

样也不同于丹尼尔·贝尔、乔治·瑞泽尔以及尼古拉·庞蒂等人所说的"后工业社会"、"麦当劳化的社会"以及"数字化社会",因为这些学者仅仅只是简单地从产业结构、产值比重、知识功能以及科学技术等几个外在性指标来划分整个人类的社会形态,而我们的服务型社会则是一种新出现的社会类型,这种社会类型强调的是社会发生了整体性变迁。

总体上看,这些学者仅仅考虑的是三次产业尤其是产值比重等外在性指标,而没有考虑到服务型社会的来临使得隐藏在产业结构、产值背后的生产方式、产业结构、社会结构、社会心理等因素已经悄然地发生改变。另外,现有的研究仍然把各个产业加以断裂的研究,而忽视了今天各个产业之间已经出现了高度整合及其动因趋同这个趋势,而且这种整合是以服务的形式、服务的方式体现出来的。在今天的社会中,服务不仅仅是生产力的一部分,是价值创造的源泉,也是社会认同的重要方面,同时它还将升华成为一种理念,进而成为人类社会精神文明的重要构件。

需要指出的是,我们所说的服务型社会的来临,并不是按照现有的社会发展排序进行的,封建社会、资本主义社会、社会主义社会;工业社会、后工业社会、信息社会,等等,服务型社会不是跟随这些社会发展各种形态序列之后,另外也不是说,今天的社会就只有服务型社会了,我们实际上是说:作为一种新类型的服务型社会已经出现在了今天的社会结构中,而且服务的因素与功能会随着社会的发展越来越重要和强大,未来的社会图景会越来越呈现出我们所提出的服务型社会的特征，这样的社会类型与我们现行的其他社会类型相伴而生，共荣共生，都从属于现行的社会形态。

我们可以预见，随着经济社会的发展，也许将来在现有的社会形态中还会不断产生出其他的社会类型。因此，我们提出作为一种新类型的服务型社会是一个包容而开放的体系，绝对不是自我封闭、排斥异己的体系。

所谓服务型社会，是指所有部门或行业，所有生产或消费的运行、管理与经营等均在服务的标准下以服务为理念、以服务为手段、以服务为形式、以服务为目的方能取得成功的这样一种社会类型。这种社会类型要求任何一个行为主体以服务为理念进行经济社会行动，他们对社会或客户提供劳务品的支撑形式是服务；任何一个行为主体对社会或客户提供劳务品的工作方式是服务；任何一个行为主体对社会或客户提供劳务品的评价尺度也是服务；任何一个行为主体对社会或客户提供劳务品的成功关键还是服务。在这里，服务成为衡量这个社会的运行标准与价值尺度，服务贯穿于整个社会运行之中。

就商业领域而言，服务型社会的产生来自于专业分工的变细，经营主体的增多，经营主体与经营主体的衔接点增多，由此使得整个商业领域中需要服务的环节增多，使得服务无处不在，服务无时不有。按照马克思的商品到货币"惊险跳跃"原理，商品到货币这个"惊险跳跃"能否完美实现的关键就在于商品能否顺利销售出去，也就是能否从商品变成货币。我们知道，商品能否顺利转变为货币关键在于服务水准的高低。换句话说，商品每实现一次"惊险跳跃"，就理所当然地提出了新的服务需求。按此原理推论下去，一个产品形成和最终进入消费领域所经历的经营主体越多，经营主体之间的关系越多，售卖行为或环节就越多，服务的环节自然就会增多，由此使得商品的"惊险跳跃"几率就必然增多，商品的"惊险跳跃"几率越多，需要服务的几率同样也会增多。所以，在服务型社会里，服务贯穿于商业经营的全过程，是"惊险跳跃"成功的法宝。服务在其他领域里的情况也亦如此。

因此，在服务型社会中，服务将成为整个经济的主导，其他经济成分及经济结构服从于服务、服务于服务，服务型社会由此成为一个以服务统领经济、社会、生活等各个方面的社会，它是人类社会在农业社会、工业社会以至于服务性经济高度发达的社会基础之上兴起的一种新的社会类型，是一种崭新的社会类型。

一般说来，以服务统领整个经济社会发展的服务型社会产生于发达的工业社会，并整合高度发达的现代农业、现代工业以及现代服务业，它不属于与农业社会、工业社会或所谓信息社会等社会形态的排序范畴，不属于在资本主义社会、社会主义社会之后的社会形态，也不意味着它就是一种比农业社会或工业社会更加高级的社会形态。恰恰相反，服务型社会仍然属于工业社会高度发展的产物，是现代农业、现代工业、现代服务业发展到一定阶段之后的产物。如果按产业影响力划分标准来看，毫无疑问它仍然属于工业社会的一种类型，是在工业社会内部出现的一种新情况，标志着工业社会的发展所带来的社会发展变化已经进入到一个更加综合、更加高级的发展阶段——即服务型的制造业阶段。我们甚至可以这么说，服务型制造业是这个发展阶段的重要表征。

服务型制造业是指今天的制造业在其发展过程中出现了如下三种情况：

第一种情况：一个产品参与的制造主体越来越多，由于主体的增多而带来了主体与主体之间流程衔接的增多，由此必然带来服务行为的增多。以往一个产品的制造，只有到了最终产品的时候才开始有消费者，才出现服务。而服务型制造业不同，一个产品制造的分工变细，参与一个产品制造的主体增多。每个环节，每个主体生产出的东西或者可能是最终产品，或者可能是中间产品，但不管怎样，对于他们的下一家需求者来讲，都必须提供优质服务，这种服务也包括产品的质量。对于产品提供者来讲，他无论处在产品生产过程的何种环节上，他的下一家客户都是他的消费者。这样，只有优质的服务意识与服务水平，才能使企业得到更好的发展和生存。值得一提的是，现在一些制造企业把原材料采购也外包出去了，即所谓的采购物流配送，发包者需要接包者提供标准的服务，接包者需要按发包者确定的标准提供服务。

第二种情况：制造行为当中服务性收益占比愈益增大。以往，制造企业生产的产品无论是中间产品，还是终端产品，只要售出或消费者使用了，此产品的生产制造行为就结束了。而产品售后服务行为的出现使得产品的制造责任行为延长，这种延长行为的重要性甚至超过了制造行为本身。此外，生产的产品出厂以后出现了另一种现象，更改变了以往制造性企业的行为模式，这种现象就是生产的产品不以出售形式与消费者、需求者、产品使用者建立关系，而是以租赁等形式与消费者、需求者、产品使用者建立起关系，而产品的维护、保养、出现问题等都由中间产品制造厂负责，中间产品制造厂赚取租赁费、服务费等。服务贯穿于生产制造的始终。例如，全球最大的航空发动机制造商罗尔斯－罗伊斯公司作为波音、空客等飞机制造企业的供货商，现在他们已不直接出售发动机，而是以"租用服务时间"的形式出售他们所生产的发动机产品，并承诺在租用时间内为对方承担一切保养、维修等服务，发动机一旦出现故障，不是由飞机制造商或航空公司来修理，而是由发动机公司在每个大型机场的专业人员进行修理。事实上，罗尔斯－罗伊斯公司正是以服务为核心，通过改变运营模式，扩展发动机维护、发动机租赁和发动机数据分析管理等服务手段与服务方式，通过服务合同绑定用户群体，从而增加了企业生产过程的服务性收入，2007年罗尔斯－罗伊斯公司的服务性收入达到公司总收入的53.7%[①]。当然，这种服务性的收入与服务业是没有关系的，也绝不能归入服务业范畴。

第三种情况：出现了没有工厂的制造企业和没有制造行为的工厂。这种情况主要是指制造类企业代工、外包等现象

---

① 转引自杨金志《中国制造业如何"突出重围"》，《中国名牌》2009 年第 4 期。

的出现。一些名牌产品的厂家大都开始去制造化，它们不再专注于生产，把制造部分交给代工厂完成，它们只保留研发、设计以及营销网络等核心内容，甚至研发、设计、营销都外包出去了，这样的行为中就会充满服务。例如，SONY 提出"内容为主，制造为辅"，将去制造化作为它提高竞争力的战略考虑；美国苹果公司不断创新产品的设计与研发，推陈出新，但它却将产品的制造部分交由台湾鸿海等企业去进行代工生产；世界著名家具制造企业瑞典的宜家家居自己不生产产品，但它的家具产品却遍布世界各地。那些接受代工委托的代工厂被"委以重任"的前提和条件就是严格按照委托商的标准为委托商提供产品形式的服务及销售服务。所有这些现象的出现，有力地证明了工厂服务化的现实。

与服务型社会里的服务型制造业一样，在服务型社会里也出现了服务型农业。服务型农业与现代农业是相伴产生的。与传统农业相比，现代农业无论在种植的品种和数量，还是农产品的形态上都已经出现了与以往完全不同的情形，现代农业所种植的品种与数量不是完全由种植者自己所能决定的，它要由市场和社会需求来决定，即要由它所服务的对象来决定，生产什么、如何生产完全取决于服务对象本身，因此，农业生产的过程中蕴藏着服务的因素，订单式农业的出现就是这样一种情况。不仅如此，现代农产品的存在形态与传统农业更是大不相同，农产品的深加工、精加工的链条已经越来越长，而每一个加工环节都是由那些掌握不同加工能力、加工技术的经营者来进行，这无疑会产生更多的服务性环节、服务性行为，在某种意义上说，整个农产品的加工过程就是服务的供给过程。就像商品到货币"跳跃"的机会和次数越来越多所带来的服务行为一样，农产品在决定种植的品种和数量，在深加工和精加工过程中显然也存在着不同经营主体不断增多的情况，而不同经营主体之间也就必然带来了服务问题，谁的服务做得好，谁参与整个农产品运营链条的可能性就越大，谁的农产品实现货币的几率就越高。在这里，同样可以发现服务工具、服务手段以及服务意识在农业中的作用。

这就是说，在服务型社会里，一方面，农产品的生产不只是单纯为了满足人们的生存需要，尤其不仅仅只是为了解决民众的吃饭问题，它更多地体现着为人的身心健康、休闲娱乐、怡情养性等方面提供良好的服务，农产品的功能已经发生了重大变化。越来越多的地方兴起的农家乐观光旅游项目就体现了这样的内涵。农产品生产的任务已经从原来的生存变成了生活，变成了观赏与心理满足，变成了一种福利需求与服务供给。另一方面，农产品已经不是简单粗放地提供给市场、提供给消费者，而是以更精细、更高级的形式改变农产品生产、流通形式，订单农业的出现就是典型的现象。此时，农产品实现价值增值、获得市场份额的主要因素已经不再依靠过去的提高产量等，而是看该种农产品是否有适合于市场的内容和形式，看该种农产品的深加工、精加工程度等。在这里，农产品从种植到加工，都变成为下一环节提供符合标准的供应品的服务形式和服务行为，这样，农产品的种植、加工等就成为一种服务，与此同时，和制造业一样，也出现了农产品品牌拥有者与种植者相分离的情况。

在传统的农业社会里，人口的聚集以及人口的流动都深深地依赖于土地、气候等，自然条件直接制约着农业社会里人口的迁移。而在服务型社会里，人口的聚散则主要根据能否提供便捷的服务、能否需要服务以及在多大程度上满足人们的服务等为依据。服务型社会里人口的聚散与土地、气候等自然禀赋性资源关联性不大，而它与后天的服务环境关系密切，人们越来越愿意往服务条件与服务环境好的地方去居住。当然，传统的农业社会里也有服务，只不过这种服务仅仅为农业生产与经营提供简单的配套服务，但服务型社会里的农业已经内化为服务的一部分。显然从产值上看，种植部分的产值已经占整个农业经济总量的很少一部分，而围绕农产品进行的生产链上的其他环节产值则占据更多的份额。即使是种植部分，它提供的最初产品其实也变成一种提供服务的行为。

最后，农业社会里服务范围十分有限，服务对象十分单一，主要集中在为特定对象围绕特定领域进行简单的服务，服务范围或者集中在以亲缘、血缘关系为基础的群体之中，或者集中在其他较为有限的人口之中。但服务型社会里的服务早已突破了地域与人口限制，日益从熟人社会走向陌生人社会，甚至从单一的民族国家走向世界，服务的领域与范围不断扩展，展示出时间延伸、空间拓展特性。总之，服务型社会里的服务统摄了整个农业，农业成为服务的一部分。

在工业社会里，机器的广泛使用以及专业化的社会大生产成为社会经济的主导，工业社会虽然也强调产品的服务、客户的服务，但这种服务基本上局限于最终产品的流动环节上，服务只能成为"对生产提供辅助性劳动"①。这里的服务仍然是工业产品的附属物，是工业的补充，服务只是为了让消费者更好地使用该产品，因而服务只起到拾遗补阙的作用。

而在服务型社会里，从工业产品原材料的选购、设计、生产、包装、营销以及售后保障等都体现着服务的特性。就原材料选购而言，服务型社会里，原材料从开采到选购再到加工，都围绕着下一个厂家的采购偏好而进行，围绕着为消费者提供不同偏好的产品而展开，所以，原材料的采购既体现出为下一个厂家乃至为终端客户提供服务的元素，原材料的选购标准也呈现出多样化特性。原材料进入生产阶段的任何环节实质上都是服务的延伸，无论处在哪一个环节它都必须对下一个生产环节负责，这种"负责"就是服务，就是为下一个生产环节提供服务。就产品生产而言，生产什么产品、如何生产该种产品不是该企业所决定，而是由它的上游企业或者发包企业所决定，它要为它们提供服务，归根结底就是为用户提供服务，至于原材料采购之外，或生产方式选择 ODM（Original Design Manufactures）还是 OEM（Original Equipment Manufacturer）等代工方式以及服务外包形式更明显地将制造的过程直接转化为服务的过程。各个专门化、专业

---

① ［美］丹尼尔·贝尔：《后工业社会的来临》，商务印书馆 1984 年版，第 23 页。

化的企业为大企业所配套生产服务，为大企业提供产品服务。

就产品设计、包装、营销及售后保障等环节而言，服务型社会中，产品的设计已经从原来的商品特性转变为服务特性，设计产品的过程常常演变为服务客户的过程，为他人提供服务的过程，设计者或者按照委托方标准设计，或者按下家需求者设计，或者按终端市场设计。产品进入销售环节也已经不再一定由品牌拥有者继续经营，品牌拥有者常常将销售策划、物流等交给专业性机构来完成。专业性机构为了取得参与供产销资格，既要对上一个环节提供优质服务，又要为下一个环节提供优质服务。因此，从商品到货币"惊险跳跃"角度看，服务已经成为工业产品整个运行过程的统领、主导及关键。

在贝尔等人所说的后工业社会里，服务以及服务业的种类会越来越多，专业与技术人员数量也会不断增加，他们的地位也更加优越，尤其是服务业逐渐成为整个社会的主导性产业，"汇集和充实理论知识的场合则成了后工业社会的中轴结构"[①]。

与后工业社会相比，在服务型社会里的服务业种类不仅不断增多，而且所占比值增大，一些国家的服务业已经占整个国民生产总值的70%以上。服务业的发展进而演化为服务理念、服务手段、服务工具。

因此，在服务型社会里，已经不是服务业占据什么地

---

① ［美］丹尼尔·贝尔：《后工业社会的来临》，商务印书馆1984年版，第34页。

位，占比有多大的问题，而是由此衍生的服务性的思维模式、服务性的工作手段与方式等将成为怎样的社会核心与主导力量，服务将成为怎样的社会生产力的重要组成部分，人们将怎样以服务为劳动对象，以服务为劳动工具与劳动手段，以服务为劳动过程与劳动目标，以服务为生产结果。于是，人们的每一项经济社会行动无不与服务有关，无不念及服务的质量，人们的思想活动、艺术创造、科学研究乃至人际交往、社会关系等无不都体现着服务的元素，一切活动皆成为服务的一个有机组成部分，由此预示着经济社会进入到了一个以服务为标准的崭新的阶段。

### 二、服务型社会中的服务业

毫无疑问，服务型社会与高度发达的现代服务业息息相关，现代服务业的发展为服务型社会的产生与发展提供了充足的物质基础与思想源泉。没有高度发达的现代服务业，人类将无法形成全面而科学的服务性思想，无法形成工具性的服务概念；没有高度发达的现代服务业，人类也不可能形成经济、社会以及日常生活等方面的变革。不仅如此，服务型社会的产生也与整个人类社会的发展进程密切相连，标志着人类社会在进入到较高级发展阶段之后所发生的变化，其中体现着生产方式的变革与革新。从这个角度看，以服务为推动力的服务型社会的产生正是生产方式革新的结果，它将延伸到经济生活的各个部门以及整个社会生活的各个方面。服务型社会中的服务业主要呈现以下特点：

第一，以商品零售业为主的传统服务业的经营方式已经发生了重大变革，出现了商业品牌与采购、售卖等多方分离的现象。我们知道，传统的商业经营形态是采购商品、借助于柜台陈列等进行售卖。在传统的商业经营中，商品采购、柜台陈列以及商品销售三个环节，甚至是多个环节基本上都是商业品牌经营者自主完成的，即商业经营者拥有自己的采购队伍、形成自己的柜台管理与商品销售管理等。但是服务型社会的商业已经不再遵循这样的经营模式了，商业或者说商业服务业的经营在各个环节上都出现了分化及分离的情况，商业品牌可以和经营管理团队相分离，商品采购配送也可以和经营管理乃至销售团队相分离。经营场所是自己的，而经营管理团队可以是他人的；商业品牌可以是自己的，但采购却已经外包给供应链运营商。供应链运营商还可以把采购配送的环节继续分包给其他众多的采购商，等等。这些现象的出现，使得今天的商业零售业经营管理模式已经发生了从形式到内容方面的重大变革。这样，商业品牌拥有者只负责制定服务标准、规则，然后让所有参与品牌的经营者都在这种服务标准下行动。例如，肯德基、麦当劳等公司提供统一而规范的服务场所、服务标准、服务流程等供各个加盟店采用，各个加盟店则按照这个标准进行经营活动。

第二，现代服务业更为发达。服务型社会里服务业的类型更加丰富，范围更加宽泛。按照传统政治经济学的原理，生产要素包括资本、技术、土地、劳动力等方面。服务业是促进其他部门增长的过程性产业，服务业是经济发展的黏合剂，是"便于一切经济交易的产业，是刺激商品生产的推动力"①。而随着现代服务业的发展，它囊括了上述生产力要素的所有类别，几乎成为它们的集合体。现代服务业为第一、第二产业的发展提供了大量诸如市场信息、金融服务、各类基础公共服务乃至"创意"等产品。这些产品或者直接参与到商品的生产，或者构成了商品的一部分，渗透到了经济生活的各行各业。没有哪一种产品的生产能够脱离现代服务业，这就使得现代服务业的生产方式有别于传统的物质资料生产方式。一方面，现代服务业是伴随着传统三次产业调整与转型产生和发展起来的，它对其他产业的发展有高度的依赖性。另一方面，与传统服务业相似，现代服务业主要包括无形产品的生产，即生产"不会砸到脚面的东西"。同时，现代服务业又与传统的"第三产业"有所区别，渗透到生产、消费、分配等等物质资料各个环节之中，与其他产业的关系更加模糊。例如，现代物流业已经在整个生产过程即供应、生产、销售等过程中起到不可替代的作用，现代制造业离开物流业是不可能了。而对供应链的管理行为就更有金融等多手段、多工具型的服务手段加入其中。

　　第三，生产性服务业成为现代服务业的发展重点。生产性服务业的存在是现代服务业区别于"第三产业"以及传统

①　RIDDLE D. Service—led growth: the role of the service sector in world development. New-York: Praeger Publishers.

服务业的主要之处，也是服务型社会在产业类型中不同于其他社会类型的重要方面。传统服务业主要向消费者提供服务，后来它转为同时向消费者和生产者提供服务，这样便促进了现代服务业的产生与发展。作为现代服务业的主体，生产性服务业也是现代服务业与其他产业界限越来越模糊的主要方面。现代服务业的主要领域如金融、物流、商务服务、信息传输等均是为生产提供服务的。生产性服务业的发展在很大程度上影响着现代服务业的发展，因此，生产性服务业成为现代服务业的发展重点。

第四，创意产业在服务业中具有特殊的作用与分量。作为一种文化的创意本身也是一种产业，体现着某种社会功能，承担着服务产业与资源的整合任务。作为一种依托知识、智慧的创意产业，在它把知识和智慧变成产业的同时，它更大的特点在于以产业服务于产业，具有把许多产业整合为一个平台之上的能力。当然，把创意产业归类为服务业是基于目前习惯的归类方法，事实上，创意产业已经无法准确地进行产业划分归类了。创意产业既可以制造出产品，如软体，创意产业同样也可以通过技术服务于其他行业。创意产业已经变成了创意服务，创意服务模糊了传统产业的划分。现代服务业已经越来越依赖于知识、科学及技术，这种依赖反过来极大地促进了知识经济的发展。创意产业使生产部门与服务部门合二为一。从市场主体关系来看，消费者和生产者的观念也将更加模糊。就像托夫勒曾提出的"产消者"概念一样。产消者既体现了消费者自我服务的理念，也体现了生产是围绕消费者展开服务的这一理念。

### 三、服务型社会中的服务

上面的分析表明，服务型社会中的"服务"，并不能单纯或狭隘地理解成服务业或"第三产业"的服务，服务型社会中的服务是从服务业中的服务抽取出的思维模式和工具性概念，是经济运行过程从开始到结束每个环节都要采用的工具，是在这种社会类型中各个社会组织、社会部门中起着重要作用的概念，因而可以把服务型社会里的服务理解成生产力诸要素之中的一个独立要素，这是理解服务型社会中"服务"概念的关键点。

传统的服务在经济领域主要集中在经营这个环节上，它只是产品与最终消费者或使用者接触时的服务，也就是狭隘的流通环节的服务，也就是所谓的"第三产业"以至于服务贸易业。传统的服务往往仅仅发生在整个产业的末端，是对整个产业完成后的补充与深化。而前文已述，服务型社会中的服务则完全不是指服务业，这里的服务已经不是指在经济领域内的销售、流通等服务业，它已经是具有更深一层的含义和高度抽象的一般性概念。因为，在现代社会里，每一种产品已经不是过于单一的环节生产而成，而是诸多环节共同努力、共同作用的结果，是包含着众多服务环节交织在一起的结果；也是不同法人主体、经营主体相互衔接而成的，每一个环节在为下一个环节提供产品、原材料、零部件等过程中体现着服务的元素以及服务的理念。对于上一个环节来讲，下一个环节就是它的消费者，它必须为下一个环节提供良好的服务使得下一个环节认同自己的产品。在这里，上一个环节所提供的产品其实就是提供了服务。

按照传统的供求关系理论，既然有一方是消费者，那么在供求关系建立过程中双方必然存在着服务行为，供应方就必须为需求方，即上一个环节必须为下一个环节提供服务，而且是标准化的服务，这种服务并不是第三产业领域的服务业，而是一种服务标准。任何经济运行过程中，无论是处于经济运行的哪一环节，它其实都是为下一个环节提供良好的服务。例如前面我们提到的制造类企业英国的罗尔斯－罗伊斯公司不卖产品只卖服务便是非常典型的事例。正是因为这种独立要素的出现，传统的三次产业划分方式和各个产业间的经营方式才出现本质上的转变。特别是第二产业或者说制造业，已经不是传统意义上的、仅仅具有制造功能的制造业，也不再仅仅依靠制造取胜、生产工艺水平取胜，它更多地依靠设计取胜、策划取胜以及营销方式取胜，这些设计、策划、营销等就是服务，它们都在围绕生产运行的下一家需求来进行，也就是围绕着服务标准来进行，服务成为促使传统三次产业大融合以及大变革的催化剂。

传统的三次产业划分中，农业、工业、服务业相互对立且界限分明，工业与后工业也是泾渭分明，农业中很难有服务业的元素，服务业中也很难有农业和工业的行为。但是，在服务型社会里，各个产业都以服务的思维模式、服务的工具手段贯穿于生产、经营、管理的全过程，这使得三次产业各自的经营管理有了一个共同的标准，形成了一个共同的理念——服务为大、服务至上，服务贯穿于农业、工业以及服务业之中。服务型社会里的服务已经不是马克斯·韦伯、丹尼尔·贝尔等人所说的，仅仅只是服务业占据较大比重等内涵，也不仅仅只是现代服务业尤其是高端服务业的兴起问题，而是三次产业高度发展中抽象出了全新的思维与工具——服务，服务作为标准、作为价值观贯穿于所有产业的所有过程，服务作为理念已经渗透到各个产业的各个方面。在服务型社会里，离开了服务，农业无法生存；离开了服务，工业或制造业也无从做起；离开了服务，服务业只能是一种简单劳动而已。有了服务，各个产业才能紧密地结合在一起成为一个有机整体，才能更好地推动社会的发展和进步。

第一，服务型社会中，服务几乎成为这个社会的唯一标准，它涵盖了之前所有社会形态中有形的与无形的产品和服务。在这样一种社会形态中，服务既是产品也是价值，服务既是手段也是目的，服务既是无形又是有形。从社会产品提供的两种机制来看，无论是政府管理还是经济运行，在服务型社会中它们的基本理念都发生了显著变化。对于政府而言，其行为和目的经历了由统治到治理，再由治理过渡到服务，此时，政府开展经济社会等领域里的工作其本质已经发生了根本性变化：即它不再进行管理，而是根据不同的群体、阶层提供不同的公共服务，以满足这些群体的多样化需求。服务型政府的提出以及这一理念的践行会成为服务型社会发展的推动力之一。

对于经济运行而言，在服务型社会中，那种流水线式的大规模生产模式将逐渐被针对不同客户需求进行的个性化产品的订单式规模生产所取代，服务观念在经济运行中早已深入人心，并且使得它具有新的内涵。对于生产者，它更多地注重个性化、专业化、优势化的产品生产与生产性服务。最近几年兴起的 ODM、OEM，俗称"贴牌"就是这种理念的集中体现。作为一种生产制造企业类型，OEM 和 ODM 成为一种新的生产方式，它主要指品牌生产者不直接生产产品，而是利用自己掌握的核心技术负责设计和开发新产品（其实就是设法提供新的服务），控制销售渠道，抓住人们的服务需求，而具体的加工或生产任务则通过合同订购的方式委托同类产品的其他厂家生产，之后将所订产品低价买断，并直接贴上自己的品牌商标进行销售。

近年来，发达国家的企业在掌握产品核心技术、建立了成熟的营销网络以后，一般倾向于不再直接投资进行商品的生产与制造，而是采取让其他企业代为生产这种产品的方式完成该产品的生产任务。这样，该企业只需要支付生产该产品的材料费以及加工费，而不必承担设备折旧、劳动力资本、自建工厂以及独资生产与管理等诸多风险，还可以根据市场的变化比较灵活地按需下单，从而培养和壮大企业内在的扩张力，提高企业自身的经营与管理水平，推动企业向更高层次方向发展。生产这种产品的 OEM 厂商实质上就是为大公司、品牌公司等提供服务，它是服务型社会中一种新的生产方式，其本质就是将所有企业纳入到整个服务的链条之中，为市场、为客户提供标准化、专业化的服务。另外，最近兴起的 ODM 生产方式也体现了这样的服务理念。一个厂家（接包方）根据另外一个厂家（发包方）的规格和要求，设计和生产某种产品，但是接包方不使用本企业的品牌而直接使用发包方的品牌，也不负责该产品的销售。该企业实质上就是为发包方提供生产性服务或者叫产品服务，发包方则也为接包企业提供按合同约定的产品回购服务，该企业为发包方生产符合标准的产品后直接贴上发包方的商标进入到销售环节，并纳入到下一个服务环节之中。

举个例子来说，假如某国际大牌笔记本生产公司根据自己的市场调查和市场分析，打算推广一款新的笔记本电脑，该公司会具体地列出这款笔记本电脑的外观要求及内部指标：屏幕的尺寸和技术要求、输入/输出端口、键盘的前倾度、电脑包的外形和颜色、扬声器的位置、电池的使用寿命等，甚至还会列出这款笔记本电脑的 CPU 或视频控制器等规格要求。但是，它们并不设计图样，不具体列明电源用交换晶体管型号，也不对背光变流器频率加以选择，而把这些工作统统交给中国江苏昆山或印度孟买某个企业进行设计和生产。对这三家企业来说，它们帮助该品牌笔记本公司设计、生产的这款笔记本电脑行为的 ODM 工作就是服务型社会中的一种新的服务性生产，它们也就为那家委托公司提供了服务。类似 OEM 或 ODM 的生产方式在服务型社会里实际上是一种生产性的服务。

这里需要指出的是，本书所说的生产性服务不是我们通常所说的生产性服务业。生产性服务业是属于服务业范畴，它是通过为生产制造的企业提供服务的一种产业，它属于服务业的一种，只不过这种服务业的目的是为制造类企业的生产、制造提供配套服务。而生产性服务却是生产制造企业本身的行为、动作，它是生产制造企业的一种生产制造方式、一种生产制造模式，它的性质仍然属于制造业，它是通过自己的生产制造行为为其他生产制造类企业提供生产制造品的行为，通常为他人提供生产性服务的制造企业自身没有品牌而只具有制造能力，通过自己所拥有的生产制造能力为别人制造产品的服务就是生产性服务。与生产性服务业不同，生产性服务不是为企业的生产或制造提供服务，而是生产、制造行为本身就成为一种服务，企业的生产制造已经演变为一种服务了，前述的 OEM 或 ODM 就是这种情况。

不仅如此，未来作为一种生产性服务的 OEM 或 ODM，其生产趋势将会细化到单个的消费者，从而让三次产业界限更加模糊。生产制造与品牌拥有相互分离，生产制造成了为某种品牌提供服务，没有品牌就没有生产或制造。比如我们身边的贴上美国、日本商标的产品，完全有可能就是自己本国生产制造的。企业代工就是服务型社会中典型的生产性服务行为，企业代工将把它从原来的制造行为直接转变为现在的服务行为。企业代工使得发包企业与接包企业形成了更加科学合理的劳动分工，一种服务与被服务的关系，促进了品牌厂商集中自身优势进行研发与营销的同时，使创新成为企业生产力的重要组成部分，深化了生产力的内涵。一方面，企业代工优化了生产结构与生产分布，促进了劳动生产力的极大提高。对品牌厂商来说，将低附加值或者不擅长的生产活动部分转移出去使得企业专注于产品的设计和研发以及营销环节，保证了有限资本的集中使用，提高了资本的使用效率。对接包企业来讲，接受品牌企业的委托，意味着为品牌企业提供标准化的服务，接受品牌企业的监督，按照双方约定的规则办事，使得接包企业能够借助外部压力、按照外部标准迅速提升自己的服务意识、规范意识，进而提高企业的生产、经营与管理能力，学习品牌企业先进的生产技术与经营管理理念，促进接包企业生产力的提高。另一方面，从长期来看，技术性的资源将会越来越多地集中到品牌厂商，使从事代工生产的厂商变为品牌厂的服务提供者。在这里，代工俨然就是一种为品牌企业提供的服务。现在，甚至开始出现产品研发、设计、营销等都外包出去的趋势，品牌企业需要做的就是提供各个环节、各个领域内的服务标准，它需要做的就是拥有品牌权和对接包企业的品质监督权；而代工企业纯粹就是按照标准为品牌企业进行生产来实现自己的效益，保持效益的存在和可持续的法宝就是达到品牌企业制定的各种标准，归结起来就是提供优质高效的服务。

第二，在服务型社会里，传统三次产业中的任何一种产业及其生产方式都将成为以服务为工具与手段、以服务的思维模式来开展工作。服务与其他产业不再是"前者服务于后者"或者"后者决定前者"的关系，服务也不再仅仅是生产的中介，而是构成个人与社会发展的相互统一的整体，从某种角度讲，服务将成为所有产业的终极目的，服务贯穿于所有产业的全过程。我们还是以代工为例，代工的直接目的就是为品牌商提供更加满意的产品，这种产品本质上讲就是为品牌商提供符合品牌商要求的服务，本书所谓生产性服务就是如此。代工企业虽然是表现为制造功能，但它所体现的价值已经不是制造功能如何强大了，而是它能否按时、按质、按量，按品牌商所提供的标准或要求提供可以信赖的产品，这种代工企业提供规定性产品给品牌商的过程就是提供服务的过程。

从生产关系角度讲，作为一种服务形式的代工导致了生产方式的优化。这种优化主要体现在国际范围内生产分工的优化。品牌厂商将自身的生产基地转移到代工企业所在国，品牌企业在追求利润的同时，使生产要素在国际范围内实现了更为有效的配置，使发展中国家能够利用自身在劳动力和原材料价格上的比较优势参与到国际分工中来，促进国际分工的形成。代工企业在为品牌企业提供符合规范的服务同时也提升发展中国家在国际分工中的参与度。因为一个产品从传统上只是流通环节的服务存在，变成全过程服务的存在，促使服务从一个环节扩展到产品实现的全过程，从一国延伸到整个世界。不仅如此，作为一种服务形式的代工直接将原来被公认的制造行为纳入到服务行为之中，各类企业成为为他人、为其他公司企业提供服务的中介与手段，代工产品的生产无一例外地纳入到整个服务之中成为服务的一部分，代工已经成为服务，代工就是一种服务。

第三，在服务型社会里，服务的理念深入人心，渗透到社会生产的各个部门和环节，其中既包括市场经济中的各个主体，也包括政治生活中的各个主体。"服务"的观念从市场领域扩散到政治领域，于是，服务型社会就内在地产生了服务型政府等一系列概念，使得社会生活各个方面都体现出"服务"。这正如贝尔所言，"如果说后工业社会只是工业社会所展现的种种趋势的继续，其中许多发展是很久以前就已经预见到的"①，那么，服务型社会的兴起则验证了阿尔文·托夫勒《第三次浪潮》中的许多观点，它是人类社会发展过程中，政治、经济、文化、生态以及日常生活、学习以及娱乐方式等各个方面深刻变革的结果。在这里，新的技术、新的发明以及新的创造必须要与服务紧密相连并"接受生态、社会以及经济和战略上的考验"②。

## 第三节　服务型社会的特征

作为一种新的社会类型，服务型社会在生产方式、社会规范、政治统治、消费习惯以及时空观念等方面都展示出自身所具有的独特性质，显示出即将产生的服务型社会不同于以往社会类型的显著特点。

---

① 参见［美］丹尼尔·贝尔《后工业社会的来临》，商务印书馆1984年版，第133页。
② ［美］阿尔文·托夫勒：《第三次浪潮》，新华出版社1996年版，第163页。

### 一、超越标准化追求个性化

每一种社会类型总是与特定的生产方式紧密联系在一起，在特定生产力与生产关系结合在一起所形成的生产方式作用下，社会类型也会随之发生变革并形成自己的特点。从生产方式角度看，服务型社会的第一个特点就是追求个性化，由此表现为更多地采取分工协作方式进行生产。

在前服务型社会里，人们坚信标准化所带来的巨大生产力，相信规模化能够带来成本的降低以及利润的增多，他们崇拜机器大生产的无限威力，几乎所有的企业生产与经营都试图进行标准化以及量化。主张用科学方法对工人的操作方法、使用的工具、劳动和休息的时间，以及机器设备的安排和作业环境的布置进行分析，科学制定工作定额，以便消除各种不合理的因素，从而将最好的因素结合起来，形成标准化的方法[①]。在这种方式影响下，使得在前服务型社会里，"不仅劳动逐渐标准化，而且雇佣也不断地标准化了。通过标准化的测验，以鉴别和清除那些可能不适用的人，尤其是在文官系统。另外，在整个工业体系中，工资等级也是标准化的，随之而来的是，额外福利，午餐时间，假期，申诉办法也都标准化了。为了准备青年进入劳动力市场，教育家设计了标准化的课程，标准化的智力测验，学校升学原则，入学

---

① 比如泰勒的"金属切削试验、铁锹试验"等都是前服务型社会追求标准化的集中表现。

条件，学分计算也都标准化了。选择法测验也盛行起来"①。

但是，以服务为核心的服务型社会在承认标准化、批量化的同时越来越注重个性化以及多样化，越来越强调个性服务。从企业生产来说，在服务型社会里，企业更多的是关注个体化的市场份额，产品的设计围绕着为目标群体提供服务而展开，企业的生产围绕着为特定市场服务而进行，企业的营销更具有明确的指向性，往往都有自己的目标客户，为他们量身定制、提供服务。例如，从企业生产的角度看，自20世纪80年代以来，企业之间的市场竞争已经进入到白热化程度。与此相适应，无论是产品生产，还是商品流通，大家也通常采用多品种、个性化、小批量的生产经营等服务模式，以适应顾客日新月异的多样化需求，从而使得传统的、以商品为管理的核心与起点，以标准成本与实际成本的差异分析及控制为重点的成本管理，日益难以适应当今社会所注重的动态的、不稳定的生产经营环境。表面上看，这种个性化生产是个性化需求发展的结果，其实，这种个性化需求的产生以及个性化服务的提供正是服务型社会来临的标志，也是服务型社会内在地需要把这些经营管理行为转变为服务。

从某种意义上讲，大批量、流水线、标准化、规模化的生产逐渐与服务型社会的生产、经营方式不相符合，因为它似乎与匮乏的物质生活、落后的生产方式、简单的生活需求相适应，它是建立在人们生活及需求水平相对较为低下的情

---

① ［美］阿尔温·托夫勒：《第三次浪潮》，三联书店1984年版，第167页。

况下的，这时人们的需求主要是以数量、满足等占有需求为前提的，于是机器大生产成为这个时代的必然。此时，企业之间的竞争主要表现为产品价格、产品数量以及由此形成的单位生产率之间的竞争。但是，生产力的发展、生产关系的变革以及生产方式的革新使得人类日益从匮乏型社会走向丰裕型时代，从追求产品数量的时代走向注重产品品质的时代，从追求大规模消费走向实行个性化享受的时代，从没有选择的时代走向享受服务的时代。在这种情况下，企业如果仍然想用工业化时代一直采取的方法去占有充满丰富性以及个性特征的市场绝对不可能，这样的经营理念只能导致企业的失败。所以，现在的企业越来越强调个性化生产，注重为不同的客户提供富有个性的服务。而为了满足个性化需求进行的个性化、小批量生产，必然带来产品设计的不断推陈出新，由此推动了生产工艺水平、生产工艺流程的不断提升，使得整个生产工艺变成了一种为客户服务。新情况、新时代的出现，对产品设计、品牌培育、市场调研等提出了更高、更新、更专业的要求，使得全社会、全生产过程分工是服务型社会来临的重要标志。在服务型社会里，大批量、流水线型的生产已经日益远离这个时代，为客户提供个性化服务则是这个时代的共同属性。

服务的本质包含彰显个性化、满足个性化、体现个性化。从形式上看，这些个性化服务最初是发生在生产领域，然后进入到消费领域，如果仅仅从这个角度看，毫无疑问是生产决定消费，生产的个性决定着消费的个性。但是，其实生产的个性，是消费的个性倒逼的结果，这种倒逼能够形成成效，也是服务型社会来临的一种特征，因此，服务型社会中与生产追求特殊性相一致的就是产品的销售也越来越注重个性化。从生产领域的特殊性走向消费领域的差异性是社会生产的质的进步。工业革命以来，适应机器大生产的要求，产品的营销也追求"产品、价格、促销、渠道"4P营销组合，以便实现企业的销售利润和销售目标。但是到了20世纪90年代之后，包括杰罗姆·麦卡锡、拉伍拉克等人开始对传统的营销模式进行了反思，认为以"4P"为核心的营销理念及营销模式只能适应工业化社会，而无法满足当今社会的需求，因为当今社会的销售模式已经从原来以商品为中心转变为以服务为中心，从原来的产品营销转变为服务营销。为此，他们提出了服务营销方式，增加了三项决策要素，强调"有形商品"与"无形服务"的结合。

温德尔·史密斯将整个营销市场进行了个性化分类，认为不同小市场的消费者对同一产品如手表的需求存在着明显的差异。有的消费者喜欢计时准确的手表，有的消费者需要价格便宜的手表，而有的消费者则需要价格昂贵的手表，也有的消费者追求样式时尚的手表，还有的消费者追求手表的符号意义。所以，企业就应当关注消费者的个性、偏好、兴趣，了解市场动向与顾客需求，按照顾客的要求采取"适应性定制、组合式定制以及特殊性定制等方式"进行生产、销售，向顾客提供一种个人化的销售和服务，使顾客能够满足自身购买个性、使用个性等追求。此时，这种生产就演变成一种服务，这种销售同样也就是向顾客提供着某种服务。这种以中小批量的混合生产取代过去的大批量生产、以多品种的个性化生产取代过去的单一品种的统一性生产实质上是推动服务型社会来临的一种力量，以此为视角，超越标准化追求个性化、超越普遍性追求个性与特殊性就成为服务型社会来临的一个重要特征。

### 二、服务统领三次产业

在前服务型社会里，服务在第一、第二乃至第三产业中附属功能明显，服务在各次产业中基本上处于从属地位。在服务型社会里，服务的功能强大，服务的作用不可或缺，服务成为推进三次产业发展的标准，服务在各个产业中居于核心地位，成为统领各个产业的主导。

在以往的社会类型中，各个产业的发展都处于相对独立之中，每个产业都按照自身的规则进行生产、经营与销售，形成不同的生产方式和运营方式。同时，它们以各个相互独立的产业为基础组成社会关系及社会网络。每一个社会的发展也都有一个主导产业、主导的生产力量作为社会发展的推动力。再概括些讲，每一个社会也都是以产业为主导，以产业的某种功能、手段为生产进步力量。

在农业社会里，作为第一产业的种植业在整个社会中处于绝对主导地位，其他各个行业都是围绕种植业而产生，相应地，服务以及制造都是为了配合种植业才零星地存在，于是，在各个农业主产区就集聚了大量的人口，而政府为了征粮大力兴修水利、发展灌溉、修建四通八达的水路、陆路运输系统，加强对各个粮食主产区的控制，而完善这些相关的服务设施其目的仍然是为了配合种植业的需要。在那个时代，生产工具的改进与制造，甚至城市的建立、城市服务的提供也围绕着种植业而展开。有学者研究发现，在中国古代春秋战国时期，今天中国的陕西咸阳的兴起就与渭河两岸肥沃的农田以及发达的灌溉系统密切相关，正是由于咸阳地区适宜农耕，秦始皇从关中西部地区迁移了大量人口来此地耕作、繁衍，从而产生了富足十倍于天下的咸阳城，为秦始皇统一中国提供了充足的后勤保障①。在古代社会里，一切产业、一切经济社会活动都是围绕农业生产、围绕整个种植业而来的，甚至城市的建立也依托农业与种植业，种植业生产个体之间的行为也几乎都相互独立完成所有生产程序，缺乏协作，互无干系，服务仅仅属于个别行为，仅仅在流通环节体现着星星点点的服务元素。

进入工业社会以后，整个社会的产业基础是制造业，此时，种植与服务都围绕着制造而存在。一方面，为了满足制造业对农产品的需求，农业不断地调整自己的品种，按照制造业的标准确定农产品的耕作方式、管理方法以及品质要求，农业很大程度上成为制造业的配套与补充。另一方面，工业社会里的第三产业或者叫服务业同样也是为制造业进行配套的，为整个第二产业提供服务，服务只是所制造的产品的润

---

① 陈力：《从墓葬资料看秦咸阳居民的移入与迁出》，参见杨振红、井上彻《中日学者论中国古代城市社会》，三秦出版社 2008 年版。

滑剂，整个制造业规定着服务的内容与方向、结构与形式。英国的伯明翰、利物浦，法国的里昂，美国的芝加哥、底特律、匹兹堡等城市从 19 世纪末开始，都是由于大量的制造业落户，为制造业所配套的第三产业才不断兴起，使得这里的城市规模迅速扩展，各项服务性的配套项目不断完善。反过来，如果没有庞大的制造业，这里的服务业不可能得到发展而且也无法生存下去，更不用说服务元素的绝对附庸和从属地位了。从中国情况来看，19 世纪 80 年代以后，中国一些开放城市也是由于制造业的发力才引起了社会大发展，一切围绕着制造业而动。

　　到了服务型社会，已经不是强调哪一产业在整个经济总量中占据何种比重的问题，而更重要的是所有产业加以服务化，变成服务的一部分，成为服务的存在。在这里，第一、第二、第三产业渗透着越来越多的服务元素、服务理念及服务手段，服务把三次产业有机地整合起来而成为一个以服务为核心、以服务为动力、以服务为主导、以服务为解决问题的方案、以服务为宗旨的统一整体，服务成为一切产业运行的纽带与标准。因此，在服务型社会里，不仅强调"不同类型的服务业"，不仅注重"运输、通讯和公用事业；以及保健、教育和管理"①，而且更强调服务性的理念、服务性的思维方式、服务性的工具等服务性元素对各个产业的统摄与整合能力。也可以说，在服务型社会里，所有产业都必须凭借

---

① ［美］丹尼尔·贝尔：《后工业社会的来临》，商务印书馆 1984 年版，第 23 页。

服务的标准来取得自身的发展与成功，各个产业将成为服务的一部分。

首先，在服务型社会里，传统意义上的农业已经不复存在，农业围绕着为其他产业的配套而进行耕种，农业服从于服务，由此出现了种植业者与农产品经营者相互分离的现象，订单式农业的兴起是这种现象的典型代表。种植者必须为农产品经营者提供恰当的服务，按照要求确定自己的种植品种和数量，达到需要者及经营者的要求。产品出现问题采取自然追究，服务质量如何将决定种植者的生产成败。除此之外，农业的服务化还体现在农业成为一种为人们提供健康、休闲、观光、旅游的服务行业，传统意义上的农业甚至成为人们观光休闲之地。此时，农业的生产性功能已经发生了根本性变化，它不只是解决吃饭问题，更主要体现在为人们提供美容养颜、延年益寿、修身养性等服务，农业很大程度上已经成为制造业和服务业的一个有机组成部分，农业已经内化为一种服务，它不再是耕作而转变成向社会提供服务。

其次，传统意义上的工业或者说是制造业在服务型社会里同样也失去了自身存在的独立性。在服务型社会里，工业或者制造业作为一种产业固然必须存在，没有工业产品同样是无法生存的。但是整个工业产品乃至整个制造业的运作方式、功能地位、经营目标与任务等都发生了根本性变化。从运作方式上看，原来那种从原材料采购、加工制造，甚至一个基本的零部件都在同一个产品生产主体制造下的运作方式已经不复存在，取而代之的是分散采购，集中组合，或者是委托采购、委托制造，这种制造方式已经成为当今社会的主流生产形态。从地位上看，制造环节不仅所占比重较小，而且在整个工业体系中已经不占主导地位，工业不再以制造环节为唯一取胜的关键；从功能上看，工业中制造环节不再成为经济效益增长的关键，制造对于经济的增长已经不再起着关键性作用。经济的增长、产品价格的高低更多地受制于服务的因素；从目标任务上看，工业或制造业不再只是为了生产大量的产品，而是为了满足不同主体的不同需求、为不同的客户提供不同的标准和形态的个性化产品。产品形成过程中，不再只是终端产品中包含着服务的元素，生产过程中的每一个环节都必须把服务渗透进去，都必须把服务的因素考虑进去，否则不仅要被生产过程排除在外，而且也会被市场排除在外。在服务型社会里，生产和服务，服务和消费，生产与消费不仅连在一起，而且时时、处处连在一起，生产的每一个环节都有服务的元素蕴藏于其中，消费也就蕴涵着服务，消费的背后就是服务，服务也就是一种生产力，服务就是一种消费力。正如阿尔温·托夫勒在《第三次浪潮》中所预料的那样，"生产者和消费者也将合二为一"①。因此，从任务上看，工业或整个制造业就深刻地体现着每个环节都为他人服务的理念。如果说生产的目的是为需求者提供优良的生产性服务，那么制造业的每一个生产环节都体现着为消费者提供优质服务的任务。

---

① 参见［美］阿尔温·托夫勒《第三次浪潮》，三联书店 1984 年版，第 360—382 页。

再次，现代服务业也将拓展自身原有的内涵，更加展示出服务的特质。在服务型社会里，服务与整个服务业结合的程度最紧密，服务业在这里已经取得了独立地位。这种独立性表现在两个方面：一方面，服务业在整个经济总量的比重不断上身，地位不断提升，甚至超过了贝尔在《后工业社会来临》一书中所讲的 70% 比例那样；另一方面，服务业也能够在其他产业运营中起着重要作用，服务业在整个社会中具有价值增值功能。而服务在服务业经营中自然也就无可争辩地成为服务业经营的主导思想、主导意识和主导手段，服务业不懂服务是不可想象的，服务业缺乏服务是无法成立的。因此，在服务型社会里，生产与消费，消费与服务具有高度的同一性，时时处处存在着，它们最终都统一于服务。毫无疑问，在服务型社会里，服务构成了经济增长与经济发展的动力源泉，服务已经成为引领社会前进的一种标准。

### 三、信息技术成为服务型社会不可或缺的工具

服务型社会里，信息技术的发达和广泛使用是服务得以实现的最主要工具。无论是企业的代工实现、供应链运行、服务外包、物流配送、全球采购，等等，还是公共权力机构对社会、对民众的沟通、了解、掌握以至做好公共服务，没有现代信息技术手段的应用将使服务的质量大打折扣，有些服务甚至不可想象。因此，发展现代信息科技，应用现代信息技术是服务型社会里的重中之重。

### 四、扬弃集权走向分权与合作

每一种社会类型总是与特定的生产方式紧密联系在一起，每一种社会类型同样会有与之相适应的社会交往方式。服务型社会在生产经营领域所发生的变化必然影响到人们的经济社会行动乃至政治上层建筑，使得它们也发生着深刻变化。在服务型社会里，与上述两个特点一脉相承的就是：一切经济社会行动乃至上层建筑领域都能够不断地扬弃集权走向分权与合作。

从历史上看，集权是人类摆脱野蛮时代走向文明时代之后任何社会所共有的特性，集权是前服务型社会的重要标志。在前服务型社会里，只有通过集权，形成权威，才能更有效地分配稀有资源；只有通过集权形成权威，才能加强和巩固社会统治；只有通过集权，才能确保整个社会的运行。因此，集权体现在整个经济社会生活的各个方面，成为前服务型社会的主要特性。从集权走向分权与合作则是服务型社会的特征，也是服务型社会的杰出之处。

首先，从政治上看，集权是整个前服务型社会的一个重要标志。例如在以农业为主的中国秦汉时期，之所以坚持"大一统"的治国方略，原因就在于在那个以土地为生产力的农业社会里，只有集权才能获得更多的土地支配权和所有权，才能获取更高的社会地位，才能集中和拥有更多的财富。此时，集权意味着服务处于次要地位。再如美国，在取得独立战争胜利之后所颁布的宪法就非常强调中央集权。该宪法主张全国采取联邦化建立一个强大的中央集权型政府，以取代原有的松散型政府。随着工业社会的发展，美国联邦政府的集权化特征表现得更加淋漓尽致。在"联邦政府内部，权力逐渐地从国会和法院转移到了三权分立系统中最为集权的一个部门——行政机构。到了尼克松时代，甚至本人强烈主张中央集权的历史学家阿瑟·施莱辛格，也攻击帝政总统来了"①。

因此，我们可以发现，在前服务型社会里，几乎所有的国家或地区其政治上都采取集权化统治，服务都是有限的行为，服务都服务于集权政治统治的需要。这种政治上的集权化在工业社会里越来越被理性的官僚制度所代替。人们更多地服从于自身的职位而不是个人的兴趣与爱好，官员之间的升迁依靠标准化的考试或考核，下一级领导要服从于上一级领导的管理与指挥，在上一级领导面前下一级领导统统丧失权威。为此，马克斯·韦伯把这样一种集权化的政治统治分为"传统型政治统治、卡里斯玛型政治统治以及法理型政治统治"②。

按照托夫勒的观点，任何"政府的组织结构必须与经济结构、信息系统以及文明的其他特征相适应"③。在服务型社会里，由于整个社会以服务为基础，强调分工与协作，注重为他人乃至整个社会提供服务，各个组织以及各个结构之间

---

① ［美］阿尔温·托夫勒：《第三次浪潮》，三联书店 1984 年版，第 114 页。
② ［德］马克斯·韦伯：《新教伦理与资本主义精神》，于晓等译，三联书店 1987 年版。
③ ［美］阿尔温·托夫勒：《第三次浪潮》，三联书店 1984 年版，第 537 页。

十分重视服务，把服务作为协调与整合各个组织的重要因素，由此也带来了民主、平等以及分权等思想及其理念，以往的政治集权逐渐丧失了存在根基，代之而起的则是分工与合作，注重更好地服务于民众，防止权力的过度滥用。从取得权力的途径来看，服务型社会中的人们更多的是依靠教育，通过对知识的获取提升自身在社会权力分配中的主导地位，在这里，知识的获取不是为了政治统治，不是为了政治治理与社会控制，而是为了更好地理顺各个权力主体的关系，更好地服务于各个政治权力主体，使得各个政治权力主体更好地为民众提供政治服务。同时，鉴于知识本身的复杂性、丰富性以及发展性，权力的使用越来越分散化，政治决策也就越来越民主化、个性化。

其次，政治上从集权走向分权与经济上的分权管理息息相关。政治是经济的集中反映与体现，有什么样的经济结构就会产生与之相适应的政治运行方式。在前服务型社会里，几乎所有的经济活动本质上都与集权有关。按照西方管理理论，无论是泰罗的"科学管理"、法约尔的"过程管理"还是韦伯的"组织管理"，他们都坚定地认为，管理实质上就是如何集中权力，采取更加合理性的方法去适应工业化、机械化的要求，步调一致地进行生产，以便提高劳动生产率，这与当时整个大工业的产业结构是密切相关的。所以，在工业社会里，无论采取什么样的管理方法（如定额制、计划制、工长制等），都一定会在一个统一的管理模式下进行，它都要服务于统一的机器大生产，经营管理的核心是如何集权以及如何更为有效地使用权力。至于法约尔的"计划、组织、指挥、协调以及控制"五个方面的管理职能更是深切地体现着集权痕迹。20世纪60年代以后，人们强调的战略管理、目标管理、质量管理等，其实都是在强调控制的重要性。

但是，到了服务型社会里，由于经济活动越来越注重分权，越来越注重分散经营，相应地，由经济所决定的政治也就实现了从集权走向分权。例如，20世纪90年代尤其是进入到21世纪以来，一些西方经济管理理论越来越注重以顾客为起点，强调面向客户的管理，出现了CRM客户关系管理等①，认为所有的管理活动其实都是为客户提供服务，因此，管理就应当坚持以客户为中心、从顾客角度出发来考虑，否则，包括企业管理在内的所有企业生产经营活动就难以得到社会的认同，无法创造经济社会价值。这种以客户为中心的企业管理所采取的步骤就是借鉴服务的理念实行分权，对不同性质的客户采取不同的管理或服务方法，对不同环节的客户采取不同的关系管理模式。而这些所谓的客户关系管理实际上就是对客户的服务，让客户满意。

再次，从文化的角度看，作为人类精神与物质活动产物的文化的发展也经历着一个从"大一统"到"多样化"、"多层面"、"多环节"的过程，展示了服务型社会的文化多样化特性。文化是社会之根，不同的社会之所以能展示出自身独特的运作逻辑与运行方式，从根本上讲就在于文化。为此，

---

① CRM是"Customer Relationship Management"的简称。它是一种以客户为中心的经营策略，它以信息技术为手段，对业务功能进行重新设计，并对工作流程进行重组。

文化人类学家怀特曾经这样说过："一个民族之喝不喝牛奶，吃不吃牛肉，不在于牛奶和牛肉有没有营养，而在于文化。"①农业社会里，农业生产与经营成为社会主要的生产方式，这种生产方式主要依赖于经验以及自然环境，拥有耕作经验、了解自然环境与气候变化规律，那些能够为农业生产提供支持、确保农业获得较好收成的人就成为社会的成功者，于是，农业社会就发展出一种尊重经验、尊重过去、敬畏自然甚至接近于自然崇拜的文化模式，各个国家的国王或皇帝作为上天的代表自然就拥有至高无上的权威，因此，中国古代皇帝发布圣旨时的第一句话总是说："奉天承运，皇帝诏曰。"

　　进入到工业社会以后，适应工业化、机器大生产的需求，整个社会发展出一种标准统一、管理统一、模式统一的经营管理以及生活方式。机器的广泛使用，标准化管理的推行，使得人们普遍地坚信标准化是有效率的，标准化是整个社会应当恪守的普遍法则。法国大革命的第一个行动就是把"在工业化以前欧洲普遍使用的杂七杂八的度量单位加以改革，使用了米制和新的历法"②。在这样一种文化模式影响下，逐步将整个社会引入到"肯德基式"的生活方式中去，大机器、大规模、标准化成为工业社会的成功经验和主导因素，在这两种社会类型中，服务毫无疑问仅仅作为一种补充而存在着。

　　历史进入到今天已经展开的服务型社会，由于整个社会的工作对象是活生生的个体，整个社会也不再简单地追求提

---

① ［美］L. 怀特：《文化的科学》，沈原等译，山东人民出版社 1987 年版，第 101 页。

② ［美］阿尔温·托夫勒：《第三次浪潮》，三联书店 1984 年版，第 102 页。

供丰裕的物质产品而是为各个个体提供具有特殊性以及鲜明个性的服务，又由于这种服务充满着不可计算性、无法预测性以及不可控制性特点，因此，社会将不再提供统一的标准化文化模式，反过来则是追求多样化文化，实现主流文化与亚文化交相辉映，各种类型的文化模式不断产生，整个社会生活显示出多样化特性。此时，社会不再展示前服务型社会的大一统形态特征，而是处处显示出"断裂"的痕迹，处处展示出自己的个性化一面。工业生产的任何一种产品，不再是单一经营主体主导运行下的产物，而是有很多经营主体主导下合而为一。对于某一生产截面来讲，任何下家都是客户，客户都有选择多家供货的机会，这就使得由于存在参与竞争而使生产运行链断裂的可能，这其中的道理就是一个生产或经营主体不再只是为一个下家、消费者生产，而是按照每一个客户需求、标准、模式进行不同的生产以满足每一个子客户的需要，这是由最终产品的个性需求决定的。在这里，满足下一个乃至满足每一个客户的需要而进行的生产将直接把生产变成了服务，生产只是"名"，而服务才是"实"。

在服务型社会里，发展已不再以"技术和生活的物质标准来衡量了"，越来越多的人会认为社会不再只是沿着单一的轨道发展，"社会可能会沿着多种道路，达到全面发展的目的"[①]，社会将朝着多极化、多样化方向发展。在这种文化影响下，政府将从过去的集权管理经济社会模式转变为分权与

---

① ［美］阿尔温·托夫勒：《第三次浪潮》，三联书店 1984 年版，第 390 页。

合作，共同为社会、为个人提供服务。过去那种高度集权、拥有至高无上权威的政府将逐步被实行分权、强调最小职能、无为而治、以服务增强民众认同感的政府所取代。整个社会由此将在尊重个性基础上逐渐发展出合作共赢、为民众服务的文化精神。在这里，无论是经济运行还是政府运行，服务贯穿于各个环节，提供服务的方面越来越多，服务充满其中，服务无处不在，服务无时不有，服务因此就成了为个性需求、分权而治的法宝和工具。

### 五、以服务为核心的日常生活方式

生活方式是在特定的经济、社会、文化影响下而形成的一系列生活习惯以及生活态度，它是由个人与社会群体乃至整个社会的经济条件以及自然地理环境所决定的方式与特点。它由生活观念、生活态度、生活习惯、生活消费以及生活空间等几个方面组成。不管形成哪种生活方式，社会宏观因素在其中无疑起着关键性作用。

从生活观念来说，服务成为服务型社会普遍认同与接受的观念，将会有越来越多的人在日常生活中习惯接受别人的服务，享受生活、体验生活的乐趣。这些人宁愿购买别人提供的各种便捷服务而不愿事必躬亲，或者奉行亲历亲为的传统。在这样的社会里，人们更会坦然地以接受别人提供的便捷服务为提高自身的生活情趣和生活质量的标志。因此，在服务型社会里，获得服务、享受服务成为人们普遍认同的生活观念，满足个人需要的人性化服务设施与服务项目将不断完善。同时，处在这样社会中的人们也愿意为他人、为整个社会提供自己的服务，在提供我的服务的过程中充分展现个性与自我、实现自身价值，体现出自身的人生乐趣，进而不断丰富已有的服务项目与服务内容。

在理想化的服务型社会里，服务成为日常生活的第一需要，牢固树立服务观念成为服务型社会中人们的生活态度和生活哲学。提供服务将展现自我，寻找到自我实现的位置，接受服务则可以享受生活，使自身有更多的时间完成自我的工作，为社会提供自己的服务，在为社会提供服务的过程中寻找到自己的位置，实现自我的价值。人们之间各取所需，各尽所长。

从生活态度来讲，服务型社会更加注重以自我为中心，强调个体自我意识的觉醒，越来越多的人追求一种享受服务的生活态度。与强调产业发展水平的农业社会、工业社会以及后工业社会相比，强调服务的服务型社会，人们不再过分重视物质生活资料的积累，不再考虑物质产品的生产、物质产品的供给等日常生活问题，人们越来越从那种节俭、守时、效率等所谓的资本主义伦理精神以及生活态度中解放出来，寻求一种能够享受服务、享受生活的生活态度。在这里，人们追求的是享受生活而不是抱怨生活，"享受生活"将成为日常生活中使用频率最高的词语，享受生活由此便成为人们普遍认同的生活态度。

至此工作不再是人们谋生的手段，工作就是为他人也为自身提供服务，工作将真正成为"人生的第一需要"，成为人的内在需求，甚至"两性的结合"也将不再以金钱和地位为条件，而是以相互提供促进个性发展与个性解放的服务为中介。因此，在这样的社会里，服务自然就成为能够实现马克思所说的"每个人的自由发展是一切人的自由发展的"条件①。

就生活习惯来说，生活习惯通常指衣食住行等方面的习惯和偏好。不同的社会类型以及在不同的发展阶段上，人们的生活习惯不尽相同甚至大相径庭。在匮乏型社会里，人们追求温饱；在物质资料得到满足、温饱问题得到解决的工业型社会里，人们的吃饭习惯是吃得好；而在服务型社会里，人们不仅追求吃得好，也追求吃得健康，更会把吃饭当成一种服务的享受。一方面，主食与副食的搭配由专业营养师根据自身的状况提供服务；另一方面，食物的烹调与制作也将由过去单一的私人行为转变为一种服务供给的行为，由专业人员根据个人的口味等进行食物加工，同时，吃饭同样是一个接受服务的过程。在这里，吃饭俨然已经超越了物质层面而表现为精神享受与精神追求，成为接收服务、享受服务以及体验服务的重要方面。就像人们对世界著名连锁企业星巴克评价的那样，去星巴克喝的不是咖啡，而是体会星巴克的文化。星巴克人不无得意地说："我卖的不是咖啡，而是文化。"

在服务型社会里，由于生产力的发展以及物质产品的极

---

① 马克思：《马克思恩格斯选集》第 1 卷，人民出版社 1995 年版，第 294 页。

大丰富，人类将越来越依靠自己的发明物为自身提供更加便捷的服务，从而改变着人类已有的生活习惯。人们应当还记得2010年1月9日美国拉斯维加斯州的真实伴侣公司发明家海因斯展示的一款叫做"罗克茜"的美女机器人。该机器人拥有仿真人造皮肤，具备独立人格，可与人们进行简单沟通，能感知人的情绪、触摸，并具备学习能力。无独有偶，日裔加拿大科学家发明了"爱子"机器人同样可以为人类提供更加人性化的服务①。未来的机器人不再是毫无感情、麻木不仁的一架机器，而是与人类一样具有思想、情感、个性等主体自我意识，将更加便利地为人类提供各种服务，从而彻底地颠覆人类已有的生活习惯与生活方式。

从生活消费与生活空间角度看，在服务型社会里，投资于健康的生活消费、交往将成为整个社会的重要生活观念。人们从食物的生产、加工到日常生活用品乃至其他物品的选用不再以实用性为尺度，也不再以价格为依据，更多的是考虑到物品与健康的关系，人们越来越选择有利于自身健康的物品，选择越来越有利于自身健康的服务及消费。另外，由于科技的进步、生产的发展、交通工具等服务手段的进步、更新，使得人们的生活空间观念也大为改变。人们不再仅仅追求生活在大城市，还愿意居住在中小城市，城镇生活方式将成为一种时尚。在这样的社会里，人口的迁徙不再是为了追求城市的繁华，而是为了更好的休息、旅行；人口的迁徙

———————

① 《和人类越来越像，未来能否和机器人结婚生子》，参见新华网等网站。

不再是为了生计，而是为了获得个性化的生活，享受个性化的服务。借助于互联网络技术所提供的服务，人类交往的范围已经不再取自于身边有限的空间，与世界上任何人或地方联系都成为唾手可得的事情，这就是互联网、信息技术服务作出的贡献。科技进步的宗旨就是为人类的生活和交往提供更加便捷的服务。生活空间的拓展、生活消费方式的转变同样是服务型社会显著的特征之一。

# 第三章 · 服务型社会的结构

　　结构问题最早是社会人类学的一个重要理论派别，以索绪尔、列维－斯特劳斯、C.格尔茨等人为代表，他们强调结构不仅是指事物的构成形式或外表，而且也指事物的组成部分或构成原料，认为结构"与经验实在并无关系，而是与依据经验实在建立的模型有关"①。学者们认为，结构反映着特定的社会关系与社会网络，每一种社会类型将会形成自身独特的社会结构。为此，我们有必要研究一下服务型社会的结构。

## 第一节　服务型社会结构的新情况

　　如果把社会比喻为一个整体、一个板块，那么，社会结构就是存在于社会整体之中各个板块之间的存在形态。板块与板块之间相互联系，相互冲突也相互作用，社会结构在矛盾中改变，在改变中平衡，在改变与平衡中寻求自身的发展。

### 一、结构在服务型社会中的含义

　　社会结构包含着与特定社会形态以及社会类型相联系的社会地位与社会角色、社会群体与社会制度。日本学者富永健一曾经把社会结构定义为"构成社会的如下要素间相对恒常的结合。这些构成要素可以从接近个人行动层次（微观层

---

①　［法］列维－斯特劳斯：《结构人类学》第 1 册，张祖建译，中国人民大学出版社 2006 年版，第 299 页。

次）到整个社会的层次（宏观层次）划分出若干阶段"①。在他看来，社会结构一方面涉及"地位"与"角色"，因为每个人在社会结构中总是处于一定的地位，这是决定人们进行社会行动的前提与依据；另一方面，社会结构表现为行动者按照一定的社会角色结合在一起组成具有稳定性与认同感的社会群体，如"社区"与"社会"、"基础集团"与"机能集团"等。

这表明，社会结构主要表现为行动者如何通过行动把自身结合成群体并开展社会行动。这样，社会结构首先就涉及不同社会发展阶段中的人口及其组成方式，以便把他们结合为一个有机整体，推动社会目标的实现。另一方面，社会结构也涉及特定的政治、经济、文化、法律等各个方面，社会结构成为联系社会成员、形成社会秩序的网络。

在社会学早期创始人孔德、斯宾塞那里，他们将社会结构界定为社会有机体的构成方式，社会结构的产生和发展是自然进化的结果。19世纪下半期，社会学三大家之一的涂尔干认为，社会结构主要是指社会结合的组织形式。20世纪40年代，美国社会学家帕森斯、默顿等人把社会结构定义为一个社会中诸社会要素稳定的布局。在帕森斯看来，任何一个社会系统都是功能一体的，共同维持某种价值观以抗拒外来压力，促进社会系统与外部环境之间的和谐相处。戴维·波普诺认为，社会结构是"群体或社会的基本构成部分之间相

---

① ［日］富永健一：《社会结构与社会变迁》，董兴华等译，云南人民出版社1988年版，第19页。

互关联的方式"①。而拉德克利夫·布朗从静态的方面研究社会结构，认为社会结构是"某一时刻个人的社会关系的全部总和"②。

真正对社会结构作出科学解释的是马克思。马克思将社会结构归结为由生产力、生产关系（经济基础）、上层建筑等基本要素组成的统一体。在《〈政治经济学批判〉序言》一文中，马克思指出："人们在自己生活的社会生产中发生一定的、必然的、不以他们的意志为转移的关系，即同他们的物质生产力的一定发展阶段相适合的生产关系。这些生产关系的总和构成社会的经济结构，既有法律的和政治的上层建筑竖立其上并有一定的社会意识形式与之相适应的现实基础。物质生活的生产方式制约着整个社会生活、政治生活和精神生活的过程。"③

马克思由此揭示了社会结构的基本内容：一是将社会结构看做"关系总和"，经济结构是生产关系的总和，社会结构则是以人为主体的社会关系的总和。在《关于费尔巴哈提纲》中，马克思说，"人的本质不是单个人所固有的抽象物，在其现实性上，它是一切社会关系的总和"④。这样看来，社会结构则是人们的物质生活关系以及精神生

① ［美］戴维·波普诺：《社会学》（上），李强等译，辽宁人民出版社1987年版，第149页。

② ［美］邓肯·安切尔主编：《新社会学词典》，上海译文出版社1987年版，第311—318页。

③ 马克思：《马克思恩格斯全集》第2卷，人民出版社1957年版，第82页。

④ 马克思：《马克思恩格斯选集》第1卷，人民出版社1995年版，第56页。

活关系的总和。二是把社会结构看成一个矛盾的统一体。在马克思看来，如果说经济结构是生产力与生产关系的矛盾统一体，那么，社会结构则是生产力与生产关系、经济基础与上层建筑的矛盾统一体。三是社会结构的变化来源于社会内部的矛盾运动，其中，起根本性作用的就是人们的社会实践以及由此产生的劳动分工。毫无疑问，马克思科学地回答了社会结构的基本构成要素、产生源泉、基本内容以及社会结构的一般发展趋势等问题，这有助于我们全面把握社会变革与社会转型问题。

上述社会学家们虽然没有生活在服务型社会的时代，也没有对服务型社会的结构作出具体的解释与规定，但是，借鉴于他们的前瞻性思想以及我们所生活的这个时代，我们可以把服务型社会的结构概括为如下几点：

一是服务使服务型社会结构更具有整体性。整体性是社会结构的本质属性。服务型社会的结构不仅是对社会要素的整合，而且也是对社会各个组成部分的统摄。它是包含经济结构、政治结构、文化结构以及其他社会结构在内的结构整体与结构综合。其中，整合或综合的灵魂就是服务。从表面上看，服务似乎为把持个性，追求个性而存在，服务也似乎应该与个别有关。其实不然，在服务型社会里，服务把三次产业整合为具有相同性质和共同特征的产业整体，使得服务型社会的社会结构整体性更强，能力发挥更强大和协调性更好。马克思指出，"任何机体的各个被划分的方面都处于由机体的本性所决定的必然的联系之中"①。这样形成了整体性观念，我们才能使整个结构中的各个板块、各个要素在建立相互关系及共同运行时不发生摩擦、碰撞，或使摩擦和碰撞的负面效应减少到最小可能。这就是说，服务已经成为整个社会结构中的一个板块，成为统领各个要素之间相互联系的杠杆、纽带，在服务标准的原则下，服务统治了整个社会的全过程，社会围绕着服务的标准开展经济建设，进行社会制度安排与资源整合，进行人的行动方向校正与社会机能设置。

二是服务使服务型社会结构更具有层次性。服务型社会的社会结构同样是一个多层次、多方面的统一体，从而体现出服务的层次性、多样性。服务作为服务型社会的主要特性，这是从总体上界定这个社会特性的。因此，服务型社会中的服务虽然作为一个整体而存在，但是这种服务更具有层次性，具有不同的服务形式、服务项目与服务内容。就一个工业品制成过程来讲，作为一种服务的研发与设计属最高层次，之后可以把制造、营销等再进行层次划分。制造作为一种服务还可再划分为多个层次。核心的制造环节或制造商就是制造环节的最高层次，无关紧要的零配件制造就是较低层次。以戴尔计算机为例，戴尔的核心是研发与营销，这是整个服务的重要方面，其他制造环节，特别是零配件供应部分则为较低层次。世界零售业巨头沃尔玛也是如此，经营品牌的营销

---

① 马克思：《马克思恩格斯全集》第 1 卷，人民出版社 1995 年版，第 225 页。

模式处于沃尔玛的运营过程的最高层次，其余的商品配送就处于较低层次。

三是服务使服务型社会结构更具动态性。社会的结构不是一成不变的，而是随着社会生产力与生产关系的矛盾变化而变动的。前工业社会，地主与农民构成了中国社会结构的主体。就中国社会来说，新中国成立之初，这种二元对立的社会结构逐渐演变为社会主义国家内部的工人、农民、解放军、学生（知识分子）、商人等多元社会结构。到了今天的服务型社会里，中国社会结构呈现出更加复杂多样性以及变动性特征，服务在各个行业、各个领域中的作用不尽相同，服务将引领整个的结构变得更加丰富多彩。中国学者陆学艺为此曾将 20 世纪末的中国的社会结构按当时的情况划分为十个方面①，但这十个方面的划分是 20 世纪末的划分方法，今天的情况又发生了很大变化，比如又大量出现了中介服务阶层群体、非生产非服务的网络经营管理阶层、行业资源整合使用阶层等。中介服务阶层诸如那些基金管理公司、猎头公司、咨询顾问机构、网络平台运营商等；非生产非服务阶层诸如那些供应链管理机构、服务外包机构、方案设计及推广机构；行业资源整合使用阶层诸如那些行业商协会、产业公会、产业联盟等，这些阶层的出现，无一不与服务有关，他们都是依托于服务而产生的，所有这些，直接体现出社会结构的动态性特征。

---

① 陆学艺：《当代中国社会阶层研究报告》，社会科学文献出版社 2002 年版。

### 二、服务型社会结构呈现的崭新概念

如前所述，不同的社会有着不同的社会结构，不同类型的社会结构形式必然随着社会形态的变化而发生着相应的变化，使得社会结构具有相对独立性，展示出社会结构的发展性。服务型社会里的社会结构在经济、政治以及文化等方面都表现出新情况。

从经济上看，服务型社会里的生产关系与前服务型社会相比，虽然同样也包括物质资料的生产、分配、交换、消费等环节，而且这些环节在服务型社会中仍然存在并承担着固有的角色。但不同的是，服务型社会中的这些环节之间不再像前服务型社会那样界限明确、角色分明，而是在它们之间的关系中出现了各个环节之间的融合状态、胶着状态，其中一个明显的标志就是出现了如阿尔温·托夫勒曾经预见的"产消者"[①] 以及本书所提出的实体消费者等概念。本书所提出的实体消费者概念，它所指的消费者不是一般的个人，而是生产经营实体。这样的实体所消费的也不是一般的商品，而往往是一个产品制造完成过程的中间形态产品，其表现的形式也不是产品的最终形态和最后完成品，实体消费者购买的产品也不是将产品消费掉，而是将购得的产品加入进新的生产过程当中，最终依附在新的产品形态上，成为新的产品的一部分。

———————————

① 这一概念是阿尔温·托夫勒在《第三次浪潮》中提出的，是生产者和消费者两个概念与主体的融合。

第一，服务型社会出现了机构生产与消费环节的有机整合，出现了生产过程的产品消费者。服务型社会的生产活动不仅仅只是一个纯粹的制造，它的生产活动已不能完全按照生产控制者的思想意志所动作，生产与制造已经成为向下一个生产单位、下一个生产部门或下一个生产环节提供服务的重要方面，因而它们也就不单纯是某一单个生产制造者个人行为。在这里，生产的目的有两个：一个是为了给消费者（零部件需求者）提供更为个性化的产品与个性化的服务，此时，提供个性化的产品就成了服务的内容；另一个是给消费者（零部件需求者）提供高质量的产品和高质量的销售服务，此时，产品质量和销售服务质量也就成了服务的内容。于是，生产与消费、生产与服务、消费与服务紧密结合在一起，形成了一个不可分割的整体，它是生产活动主体、消费活动主体，是服务活动双方主体的互动过程，或者说是生产活动中的"产消者"、"实体消费者"自我服务、顺序服务、自我满足的过程，它所体现的是生产活动参与者为满足不同的需求对象个性化需求所进行的生产活动并体现出的相互协作、相互配合的共同生产关系。

第二，服务型社会一定出现了生产、分配与交换的融合。在生产、分配与交换环节，服务型社会体现出更多的公平性和自主性。服务型社会一定是一个生产力高度发达、物质资料的生产已经突破了量的需求的社会。在这个社会类型里，社会产品的极大丰富为人们共享社会发展成果奠定了坚实的物质基础。生产、分配与交换不再是谁决定谁、孰先孰后的关系，而是一种相互作用、互为存在的平等关系。分配与交换不再是被动和从属于生产及生产成果，分配与交换具有完全的自主性。怎样分配，怎样交换，完全由需求者自主选择。分配渠道、手段等也是形式多样、公平竞争。作为一个生产成果的享用者、需求者，人们通过谁、通过什么方式取得生产成果，完全可以做到随心所欲。是通过网络订购还是亲临现场；是通过哪家物流单位移动需求品，等等，选择性极强。生产、分配、交换的融合，还体现在生产过程本身，生产过程本身也存在着分配与交换的行为。

还有如"顾客至上"这样的服务性语言其实也为服务型社会的服务提供了重要的理念基础和社会氛围，也是服务型社会来临的日常生活体现。顾客导向模式使得由服务整合而成的社会服务部门真正从全体社会成员的需求出发，提供符合个性服务要求的生产，整个社会将不断强调"创造服务产品"的观点，这些观点将深入人心并发挥着更大的作用，它不仅会体现在服务产品的种类上，体现在提供服务的方式上、获取消费者需求信息的途径上，而且还会体现在服务产品提供的形态上，提供使消费者满意的服务手法上，重视沟通的思想使得整个社会系统中各个主体共享信息，达到资源优化配置，从而使服务提供更加高效、更加切合消费者需求。

第三，服务型社会出现了生产实体消费者。生产实体消费者是相对于个人终端产品消费者而得其名的。一般讲，个人消费者需求的主要是产品的最终形态，是生产过程的最后完成品。而生产实体消费者消费的一般不是产品的最终形态和最后完成品，而是产品的制造过程的中间形态。与个人消费者不同的是生产实体消费者购买的产品不是将产品消费掉，而是将购得的产品加进新的生产过程当中，将这个产品附着在新的产品形态上，使之成为新产品的一部分。由于服务型社会中的同一个生产过程各自独立的经济主体愈来愈多，因此形成了一个庞大的生产实体消费者阶层结构。生产过程中的下一家实体就是上一家实体的产品消费者。而下一家转过身来也可能立即就成为它的下一家的产品供应者，它的再下一家就成为它的消费者。生产过程中的生产者与消费者集两个身份于一身。总之，生产实体消费者的出现成为服务型社会的新发现、新情况，也是服务型社会来临的基本原因之一，这样也就出现了在第一、二、三次产业当中生产者与消费者可能无法有效区分的情况。农业作为种植业既是第一产业，同时也包含着第二产业和第三产业的特征；工业作为第二产业，同样也包含着第三产业的特征；传统的第三产业或服务业也已经不再单纯只从事流通行为，同样也包含着制造行为，由此我们观察到，各个产业本身已经不再单纯，只有服务才成为其中的常项，所有产业当中都蕴藏着服务，以服务统领一切产业的供应、生产、流通的全过程，于是，生产者与消费者实现了有机结合，出现了身兼生产者与消费者双重角色的新情况。

从政治关系上看，服务型社会主要体现为政府管理目标、管理方式的变化，具体体现在政府与社会、政府与市场、政府与公民之间关系的变化上，服务将成为贯穿这三组关系的主线，服务将成为转变政府职能与管理方式的重要方面及其重要体现。

首先，为公民提供服务成为这三者关系中的主导方针，政府、市场和社会都围绕着公民而开展自己的经济社会活动，为公民提供各种服务。在政府与社会的相互关系中，政府与社会显然是服务与被服务的关系，政府靠为社会大众提供服务而获得自身存在的合法性与合理性。政府是社会的整合机器，这个机器的运转动力来源于服务，服务是政府这部机器运行的不可或缺的动力。

服务于全体社会成员将成为政府与市场的行动准则与价值目标。政府的各个部门日益具有服务职能，从现有的警察服务、社会救助服务、教育服务、就业服务、公共卫生服务、公共街道服务等逐渐延伸到原本由政府及市场所主导的各个领域①。政府与公民的关系发生了显著变化，从原来的公共管理变成了公共服务，服务型社会中政府将成为真正的、以公民群体为导向的服务型政府。不仅公共部门提供的产品将尽可能地满足公民需求，而且在公共产品的生产过程中，诸如政策这类公共产品的提供中也会吸纳更多的公民参与，采纳更多的公民意见，更多地考虑公民需求，真切地为民众提供服务。这如同在市场领域更多的关注个性化需求一样，政府的公共行为也必须考虑到社会的各个阶层、各种群体的需求和利益，就像一年一度的中国中央电视台春节晚会一样，再

---

① ［美］罗纳德·J. 奥克森：《治理地方经济》，万鹏飞译，北京大学出版社2002年版，第94—101页。

受普遍欢迎的节目类型也不能完全占用晚会资源，晚会必须考虑到各种群体的欣赏和爱好，雅俗共赏、类别多样、丰富多彩，其核心就是服务好各个群体、各类民众。

其次，服务型社会中"第三部门"的重要性进一步体现。"第三部门"介于"第一部门"即政府与"第二部门"即市场之间。在服务型社会中，"第三部门"能够最大限度地为个人的需求提供表达与满足的途径，为个人的需求尽可能地提供服务。因为它的产生不仅能够在一定程度上避免政府与市场所固有的局限，而且也能够有效地整合各种社会力量，以便为民众提供便捷的服务。从政府的角度看，由于民主体制所蕴涵的固有局限性，加上政府提供的公共产品与服务必须体现最大程度的公共性，政府很难在更大范围内真正实现服务型社会所要求的个性化服务的供给；从市场的角度看，消费者个性化需求的千差万别加上生产流程上的客观约束，使得他们的个性化需求完全体现在产品的生产中也存在着不少困难，那种完全实现个性化服务也难以真正做到。不仅如此，"第三部门"还承担着由于"第二部门"的竞争导致部门群体处于弱势地位的关怀与帮扶等服务项目与服务内容上。"第三部门"作为两者的补充将在服务型社会中承担更多的社会服务功能。"第三部门"类别的多样性、参与方式的开放性以及自由性将使得它能很好地满足这个社会为民众提供个性化服务的需求。从这个角度看，"第三部门"的出现是服务型社会机构性服务产生的标志，也是服务型社会注重服务、把服务贯彻到社会生活领域的重要表现，它有力地解决了"第一部门"、"第二部门"社会服务功能不足等问题。

从文化关系角度看，文化作为人类雕刻在历史上的纹花，是经济和政治关系在意识形态领域中的集中体现。在不同的时代下，文化为经济社会领域的发展承载着不同的价值与功能。在前工业社会，封建文化维护统治者的权威，这种文化注重塑造权威与权威统治，整个社会强调个人服从集体，集体服从中央，中央服从君主、皇上，在这种文化关系中，服务变成了下级对上级的单向度行为，服务成了奢侈品，服务成了特权阶层的专享。中国古代封建王朝中维护的是君主的权威，而欧洲中世纪则体现的是宗教权力的至高无上。到了工业社会，市场经济的发展使得平等、公平、自由的服务原则得到进一步发展，理性的"经济人"假设在各个领域中被广泛使用并获得普遍性认同。但是，工业社会中这种平等的服务原则是以利益的追逐为前提、为文化价值观的，服务总体上看是指向利益、为利益所服务的，在利益面前，服务是普遍性地获得的，离开了"利益的获得"这种文化价值观，服务或者不复存在，或者将被扭曲。

服务型社会中经济领域与政治领域体现出的共同协作、平等共享和对服务的追求将在文化领域中得到集中体现。这种文化在注重平等、自由等服务理念的同时，也注重社会成员的个性发展，注重为社会成员提供个性服务，它将人的全面发展作为整个社会发展的一部分。在这里，文化作为一种产品将会更加符合人的精神需求，在文化多样性增强的同时，不同文化之间也会更加注重相互服务与相互补充。作为经济关系的体现，文化领域充分体现着服务理念，同时也将更多地为政治和经济领域的公平、民主等提供服务，服务型社会中人们追求着的服务文化都将围绕服务这个社会价值观进行社会整合与文化行动。

服务型社会中各种关系的调整与变化都是以为整个民众的个性化服务为目的的。为民众提供物质或精神产品实质上都是为了提供某种服务，产品成为服务的中介手段。服务型社会中的政治关系、经济关系、文化关系的整体变动形成了服务型社会丰富的社会结构。这表明，服务型社会的结构是共时性与历时性、稳定性与动态性、整体性与多样性的统一，从而体现着整个人类社会结构的发展性特征。

具体来说，一方面，服务型社会在各个国家虽然有不同的表现形式，发展程度也不尽相同，但是都以服务为核心，以服务为经济社会发展的纽带和主导；另一方面，服务型社会也是对前工业社会、工业社会、后工业社会等诸多社会类型的继承。服务型社会一旦形成，各个要素及其组成部分也就相对稳定，引起服务型社会向其他社会类型的变迁的因素在短时间内既不会轻易地发生，也不会轻易地消失。服务型社会围绕着服务供需的内容与形式方面的变化，使得自身将是一个不断转变、不断"解构"与"建构"的过程，也是"结构"与"建构"的过程，其中蕴涵着特定的社会历史条件。农业社会固然有农业社会的结构及关系网络，工业社会也会形成自己的社会关系网络，而服务型社会必然也会形成体现这个社会特征的关系网络，形成具有独特性质的社会结构。马克思曾经指出："手推磨产生的是封建主的社会，蒸汽磨产生的是工业资本家的社会。"① 由此，本书认为，服务功能独立的社会乃是创意者的社会。

### 三、服务型社会的结构及功能

服务型社会的功能与其结构关系密切，以"产消者"、"实体消费者"为基础的"产消融合"、"产业融合"所形成的经济结构决定了服务型社会有着特有的社会结构类型及其功能。

尽管按照产业特点可以把整个社会划分为农业社会结构、工业社会结构及后工业社会结构，也可以按照地域和民族特色划分盎格鲁－萨克逊社会②，或者如帕森斯等人那样将社会分为四种类型：普遍的—成就类型、普遍的—先赋类型、特殊的—成就类型、特殊的—先赋类型③，但社会发展至今天，社会结构已开始呈现出一种不一般的类型，本书试图在借鉴一些学者观点基础上，结合当今社会呈现出的一些新情况，将服务型社会的结构理解为均衡型社会结构。

所谓均衡型社会结构，主要是指服务型社会中良性互动的各方所拥有的资源、与互动对方需要该资源的程度以及所能提供的报酬水平基本相近。服务型社会中行动者之间相互

---

① 马克思：《马克思恩格斯选集》第 1 卷，人民出版社 1995 年版，第 142 页。

② ［英］佩里·安德森：《从古代到封建主义的过渡》，郭方等译，上海人民出版社 2000 年版，第 159—161 页。

③ 葛正鹏等：《西方经济成长——基于经验研究》，科学出版社 2006 年版，第 39 页。

依赖的程度基本相近，各个行动者都从其他行动者中获取服务，同时也为其他行动者提供服务。在均衡型社会结构中，双方都通过服务把对方紧密地结合在一起，都以服务为纽带而无法失去对方，也都不希望对方退出互动。双方都认为，若对方退出互动，服务不仅失去了对象，而且也使得自身无法获得必要的服务，从而给自身的发展带来不利因素。因此，服务型社会的行动者一般都比较自觉地考虑对方的期待，都希望能够提供服务与获得服务。在行动者的符号与价值体系中，行动者一般对其他行动者的行为方式持肯定性的价值评价以及积极的社会态度。从这个角度看，均衡型的社会结构就是，其中任何一个行动者都不可能独存，没有一个行动者是永远的服务供给者或永久的服务需求者，任何一个行动者是服务供给者与需求者的统一，行动者在从其他行动者那里获得资源后将会提供更多的服务[①]。学者们对均衡型社会结构类型的提出实际上也从其他角度证明了服务型社会来临的合理性与必然性。

首先，服务型社会中的全体社会成员和其他社会行动者所秉承的都是服务理念，这种服务理念是自我服务与服务于他人的统一。这种价值上的高度一致性使得"行动者容易对其他行动者的行为方式持肯定的价值评价和积极的社会态度"。

其次，服务型社会平等协作的践行态度使得各个社会成

---

① 谭明方：《社会学理论研究》，华中科技大学出版社 2002 年版，第 263—264 页。

员在社会活动过程中能够拥有平等的社会地位，无论是政府、企业、社会组织还是公民个人由此形成了相互依赖的协作关系，他们拥有各自不同的社会资源，都能够在服务供求过程中发挥不可替代的作用。这种地位上的平等、掌握资源的差异性以及相互依赖性能够使各个主体在行动过程中保持必要以及必然的均衡，从而为服务的供求提供了良好的平台。

最后，服务型社会中传统三次产业的融合以及"产消者"、"实体消费者"概念的出现，意味着不论是宏观还是微观，各个主体间形成了"你中有我，我中有你"的关系，"主体间性"而不是"主体性"以及"个人独立性"的观点深入人心。在这种社会观念影响下，在一定的时间和环境下，任何一个具有独立性的行动者都承认其他行动者的存在以及与自己的互动关系，行动者与行动者之间会维持相对稳定的伙伴关系和联系性、依存性，而不会轻易地改变关系，正如产业活动中的供应链、产业链一样，产业运行环节当中彼此关系网络的形成已经成为一种相对稳定、固定的资源性的东西，生产渠道、采购渠道、营销渠道，等等，都是经过较长期建立起来的互信、和谐关系，形成不易，建构不易，既然如此，这种关系拆分也就不易。就像已经建立了互信和谐机制的代工厂与委托厂的关系一样，一旦建立了就基本上不会改变。

例如美国苹果公司、日本索尼公司为什么喜欢台湾的鸿海公司代工其产品，喜欢海鸿为其提供代工服务，就是长期互信的结果。香港利丰公司的全球供应链体系中与客户的关系，无论是设计、采购、营销、委托代工等，长期形成为一种固定架构，实际上利丰公司与它的合作伙伴之间已经建立了相互依赖、运行无忌、共荣共存的结合体关系。还有如企业并购现象，表面上看这种资本运作的价值、运作的动因仅仅体现在资产、品牌、技术等价值上，但实际上它其中还隐含着被购并企业在长期的生产经营运行中所建立起来的营运渠道、营运网络等服务链条，这些也是被购并企业的价值资源之一，而且是更重要的资源和购并企业购并的动力。因此，经营一个企业仅仅有资本是远远不够的，企业所提供的客户关系、所建立起来的服务关系是非常重要的"资本"，如果没有"营运渠道、营运网络"，"资本"的资源、动力，许多跨行业、跨国界的购并行为就会失去很多可能。

从这些分析中可以看出，企业经营运行中建立起一个高效、互信、稳定的客户关系网络极其重要，它是企业积累的一笔资源，它也是企业价值的体现，而能否提供优质高效的服务就成了建立起这种关系的标准。因此，均衡型社会结构中的"行动者"、"对方"等概念在服务型社会中的使用，既意味着它们之间处于相互对立的关系中，又意味着各个行动者间是平等协作的依赖关系，服务是促使两种不同关系方向着共存方向发展的尺度与标准。

服务型社会结构所出现的这些新情况，所形成的新特点使得服务型社会结构具有以下几个鲜明的功能：

第一，服务型社会结构的文化整合功能。服务型社会在其特有的经济基础上形成了以"服务"为核心的文化价值，从而将具有不同利益需求的社会成员整合成共同的价值追求，调和不同群体或成员之间的利益冲突，使全体社会成员能够为着共同的目标而努力，从而保持行动的一致性。这种文化价值观的整合是服务型社会政治、经济等领域的变革在思想领域内的集中体现。服务型社会中经济的高度发展、产品的极大丰富自然也会伴随着利益的高度分化，服务型社会提供个性化服务的特点也会有利于这种文化价值观的整合，从而促进整个社会的共同协调发展。

第二，服务型社会结构的重塑功能。服务型社会结构的形成从根本上改变了政府、市场、社会及公民个人等各个主体之间的关系，使他们在社会生活中的地位、关系和作用发生着显著的变化。在服务型社会中，社会成员以服务为核心、以服务为纽带等所构成的社会共同体的发展是社会发展的核心，它强调发展必须是建立在个人发展基础之上的共同而平等的发展，这与本书所提出的服务型社会的均衡性结构相一致。在这个社会里，作为服务提供者的政府所具有的服务功能、所坚持的服务秉性使得政府的地位得到强化和巩固，而作为统治者或社会管理者的压制、管制功能正在逐渐弱化。同时，社会组织以及公民个人之间的服务以及对社会的服务作用也更加突出。即便是市场行为，它在保持经济效益独立性的同时也更加注重提供更加人性化的服务，我们通常所说的市场行为所承担的社会责任的提出就是一个鲜明的体现。

第三，服务型社会结构的生产再构功能。服务型社会的生产已经完全突破了传统社会的物质生产概念，它同样会不断地生产出服务，不仅如此，服务型社会中所有的生产都将被视为为个人发展提供个性化的服务，反过来，这种个性化服务的提供也有助于生产的发展、经济的增长以及社会的进步。前服务型社会所划分的产业都只是作为一种能够提供服务的手段而已。正因为如此，本书才把在服务型社会中农业、工业、服务业称之为"服务型农业"、"服务型制造业"以及"服务型服务业"。产业名称改变的同时也意味着整个产业生产模式、生产观念、经营手段以及各个产业关系上的变革，进而使得社会生产各部门的产业结构重新组合，形成了服务型社会中以服务为价值理念与价值尺度的产业结构模式与布局的重新调整。

# 第二节　服务型社会的经济结构

如前所述，以服务为社会发展动因的服务型社会具有不同于以往社会形态的结构及特征。我们把服务型社会的结构划分为服务型经济结构、服务型政治结构以及服务型社会结构，抑或可以划分为经济结构与非经济结构两部分。

## 一、服务型社会经济结构的特殊性

经济结构指的是一个国家或地区经济的组成、构造和运行机制。在工业社会里，按所有制形式可以分为国有经济、集体经济、个体私营经济等结构形式；按国民经济和社会再生产各个方面可以分为产业结构（即农业、工业以及第三产业之间的构成关系）、分配结构（如积累与消费的比例及其内部关系等）、交换结构（如价格结构、进出口结构等）、消费结构（消费方式、消费形式、消费水平等关系）、技术结构、劳动力结构（劳动人口在不同产业中的分布）等；按经济结构所包含的范围可分为国民经济总体结构（国民经济中的生产结构、需求结构以及就业结构）、部门结构（农业、轻工业、重工业、建筑业、商业等）、地区结构以及企业结构等。但是，这些经济结构总要与特定的社会生产力发展水平相适应，当经济结构不能适应社会生产力发展的要求时，就必须进行相应的调整和变革，否则将成为生产力发展的桎梏。

在服务型社会里，经济发展水平同样也需要有与人们的物质与精神生活需求相适应的高度发达的产品与服务，产品本身也已经转变为为人提供服务的一种，服务由此就构成了服务型社会经济结构的轴线。在这里，无论何种经济成分、何种产业结构都必须把服务贯穿于其中，各种类型的经济所有制都以服务为标准，彰显服务在其中发挥的作用。例如，在电子领域，世界上领军的电子产品厂家像索尼、戴尔、日立、三星、联想、夏普等，几乎所有大品牌的生产部门大都由代工厂生产了，生产环节已经服务于品牌营销等环节，因而产品的生产已经不是它的核心业务，工厂管理已经是别人的事情，品牌拥有者剩下的只有专注于研发、营销策划（品牌推广），以满足客户需求为根本。这样的运作模式除了成本原因外，更深层的意义在于品牌商为了专注于核心业务——即如何更好地满足客户日益多样的需求，也就是服务。制造部分因此便沦落为非核心业务，外包给代工厂。就索尼公司来说，索尼的产品有一半是在境外代工，诸如中国的联想、海尔笔记本也是由代工方式完成的。这种情况说明什么？为什么没有生产的产品还能立于不败之地？原因就在于品牌拥有者以服务的提高为前提不断研究市场，研究如何满足客户需求。同时，代工厂为什么也能博得品牌厂信任？就在于代工工厂为了不断满足品牌厂的需求，也必须要做好服务，否则将面临被淘汰出局的危险。

需要说明的是，服务型社会虽然与现代服务业的发展有着千丝万缕的联系，服务型社会中毫无疑问也需要大量的服务业，服务业甚至成为服务型社会的主要产业，但是，这并不意味着现代服务业的兴起以及占据一定比例之后就会进入到服务型社会了。前面已经说过，不能把本书所提出的服务型社会简单地理解成就是服务业高度发达或者服务业所占比例较大的社会。当然，现代服务业在前服务型社会以及现在的服务型社会中之所以能取得成功也就在于它牢牢地把握和利用了服务的思维方式，服务的工作手段等。例如，作为制造业运行过程当中加入的服务外包、代工方式等就是采取和使用了服务的工具理念，将整个产品的设计、生产、制造以及销售分解为若干个阶段性服务，再向不同的公司购买不同阶段的服务，服务出售者或者以提供代工的产品形式体现服务内容，或者以代理销售的形式体现服务内容，甚至现在出现了设计外包的现象。当然，无论是委托生产还是委托设计、委托销售等，品牌厂一定会掌握核心的技术和业务，委托出去再回购的环节基本上都是非核心、不涉及核心利益、附加值较低的环节。这样就看得出，委托者将非核心环节委托出去的动因，是为了集中精力研发新产品、研发客户或市场需求，也就是更好地做好客户和社会的服务，以使品牌永远立于不败之地。而受委托者也必须具有良好的素质，为委托者提供高质量的回应（实物产品、销售、一般设计等），否则，受托者将无法参与其中，最终被排除在生产流程之外。前述过的全球最大的航空发动机制造商罗尔斯－罗伊斯公司为波音、空客等飞机制造企业提供发动机使用与维护等服务模式就是很清楚的例证。

在生产关系方面，服务型社会中的生产关系能够使经济生活的各个主体之间的交流与协作更加顺畅与高效，只有这样才能使个性化的需求在服务中得到体现，否则即使有较高的生产水平也仍然不能使供给与需求相匹配。服务型社会里的服务贯穿着人与人所结成的生产关系，服务能力、服务水平引领生产资源的配置，服务把社会的一切运行塑造成更加平等的关系链接，整个社会的产品按照服务能力、服务方式、服务水平进行分配，服务由此成为资源配置的一种手段与工具，能够将各种资源整合为服务的领域之内。所以，在这个社会里，服务已经是整个社会生产关系的标准。

从经济结构的调整与变革方面看，服务型社会里，服务作为一种生产力，它内在地要求人们对阻碍服务的各种经济因素进行调整和变革，以便促使经济结构的优化，推动社会的变迁与发展。在经济结构变迁过程中，产业结构是整个经济结构调整的主体部分，因为产业结构的变革体现着社会生产力发展水平的高低，体现着人的力量的增强，也体现着人对经济、社会控制能力的增强。随着产业结构从第一、二产业为主向第三产业为主的转变，尤其是以服务统领原有的第一、第二以及第三产业之后，我们的经济社会结构以及由此形成的社会文化与价值观等也随之在发生着变化，使得整个社会不断向前推进。所以，服务型社会中，经济结构的特殊性就在于以服务为纽带将整个社会的各个产业串联起来，形成了产业结构以及产业类型之间的融合，从而使得各个产业之间的界限出现了模糊的趋势，这种情况使得第一、二、三次产业间的联系更加紧密，整个社会的经济实体运行效率提高。

### 二、服务型社会的产业结构

产业结构的调整体现着经济发展的一般规律。一个国家经济发展的过程也就是产业结构变迁的过程。纵观世界范围内经济发展历程，在前服务型社会里，整个世界产业结构的变革经历了从农业向制造业、从制造业向服务业的转变。历史走到了今天，无论是第一产业向第二产业转变，也无论是第二产业向第三产业的转变，都开始向以服务为标准的产业结构调整方向转变，其中服务有力地作为一般的元素体现着。

1990年，经济学家波特提出了经济发展四阶段理论，全面阐述了经济结构变迁问题。这四个阶段分别是："要素驱动阶段、投资驱动阶段、创新驱动阶段和财富驱动阶段。"其中，"要素驱动阶段"的主要驱动力来自于廉价的劳动力、土地、矿产等资源；"投资驱动阶段"则以大规模投资和大规模生产来驱动经济发展；"创新驱动阶段"主要以技术创新为经济发展的主要驱动力；而在"财富驱动阶段"则追求人的个性全面发展、追求文学艺术、体育保健、休闲旅游等生活享受，它们成为经济发展的新的主动力①。

按照这样的理论，前服务型社会产业结构的变迁过程仅仅是服务业或者第三产业比重的不断上升过程，但事实上，这并不是结构变迁的重要意义所在。从要素驱动阶段到财富驱动阶段，人追求个性的全面发展，已经印证或预示出对"服务"的追求。换句话说，产业结构之所以要调整，就在于它要不断地满足人的千姿百态、千差万别、千变万化的个性化需求、个性化发展，各个产业发展，产业当中的各个环节，都必须不断强调服务，应用服务。

在服务型社会里，传统的三次产业结构必将发生重大的变化。如果说在工业社会中产业结构通常被划分为第一产业农业、第二产业制造业以及第三产业服务业，那么，服务型社会中这三者在结构上最大的特点在于三次产业的融合，它们共同突出"服务"这一生产的统一标准。

在服务型社会中，种植业成为"服务型种植业"，种植业生产的目的不仅仅是生产出满足人们的粮食、蔬菜、水果等需求，而是更多的转向了满足精神需求如花卉、"农家乐"等产品与服务的提供，以种植业为核心的农业不仅仅只是种植，

---

① ［美］迈克尔·波特：《竞争优势》，陈小悦等译，中国财政经济出版社1998年版，导论。

而是为市场、为消费者提供服务，种植什么、选择什么品种、施用什么肥料、农产品生长期限等一律按照消费者的需求，努力为市场、为消费者提供服务，只有那些为人们提供优质服务的种植业才能生存下来，只有为市场提供良好的个性服务的农产品才能获得更好的利润。所以，种植业就是"服务型种植业"，农业亦为"服务型农业"。

制造业也不再是纯粹的生产行业，而是"服务型制造业"。服务型制造业表现为每一个产品制造所形成的分工变得更加细致，每一个产品制造的主体会越来越多，从而引起每一个产品可能是最终产品也可能是中间产品，但对于他们的下一个需求者（客户）来讲就是提供优质的服务。在前服务型社会里，任何一个产品只有到了形成最终产品的时候才开始有消费者，才开始出现服务，这种服务基本上是指流通领域内的服务，而不涉及生产领域。

服务型社会里不同，无论处在产品生产过程的哪个环节和位置上，它的下一家（客户）都是它的消费者，整个生产过程就是一个为下一个客户提供服务的过程。这样，只有良好的服务意识，优质的服务水平，完备的服务内容，才能求得企业更好的发展与生存。从这个角度看，服务型制造业的生产目的是提供个性化的产品，满足人们需求的产品不再是大批量、流水线上生产的产品，而是融合了不同个体需要的个性化产品。现代社会产品更新的速度就是个性化需求不断推动的结果之一，至少可以说，社会的需求是现代社会产品更新换代加速的重要原因。制造业也不再追求从原料采购、零部件生产、产品组装、商品销售这样一个大而全的过程，整个制造业被分割成若干个分散而专业的企业，每个企业只专注于从事某个领域的工作，为终端产品，为消费者提供配套服务。因此，一个产品可以由成千上万个企业为之配套服务，而每一个配套企业要想不间断的参与产品的生产配套过程，就必须为整个参与过程提供良好的服务，由此使得制造业最终变成了"服务型制造业"。

　　服务型社会的服务业也对现有的服务领域、服务范围、服务方式进行了革新，不仅新的服务行业不断产生，而且原有的服务性行业也在变革着自身内容，一些商场、酒店、银行、保险公司等服务业内部也进一步细化为各种服务代理。诸如像一些大卖场的服务业，其内部经营结构已经发生了根本性的变化，沃尔玛、麦德龙、特易购这样的商业机构已越来越成为提供品牌的场所，它的商品已经不需要自行采购，商品的销售以及售后服务等也不需要自行解决，甚至有些大卖场的收银员也是由专门的会计公司提供而来。在这里，沃尔玛、麦德龙、特易购等商业机构只需要提供场地、品牌以及监管标准，其他各个商品供应商、各个人力资源供应公司则按照他们的要求提供人与物的配套服务，因此，这些商业机构实际上已经成为一个服务代理。另外，一些现代服务业也不再仅仅是为其他产业的生产提供单一的服务产业，而是成为利用各种方式综合传统生产途径提供综合性、个性化服务的产业平台，甚至成为产业的组织者。从这些角度看，服务型社会里，原来的三次产业已经不能再分别叫做农业、工业和第三产业了，而应该分别称之为"服务型农业"、"服务型工业"、"服务型第三产业"或"服务型农业"、"服务型制造业"、"服务型服务业"。服务型社会中所有的产业结构都与服务有关，或围绕服务而展开，或因为服务而发展，或成为服务的一部分，或服务成为其中的主导。所以说，没有服务，在这样的社会里，农业、制造业、服务业都将不复存在，人们的活动也将变得杂乱无章。

这也表明，以服务能力为主导、强调服务是社会发展动因的服务型社会不仅对原有的社会生产关系带来革命性变革，而且也对原有的产业结构变革产生影响，产业融合的社会已经到来了。

产业融合作为一种产业创新形式，必将给整个服务型社会的经济发展带来深刻的影响。产业融合是服务型社会中传统三次产业结构发生根本性变化的根源，它使原有的产业边界逐渐模糊乃至消失，传统社会中具有明确产业边界性质的产业在服务型社会中将逐渐减少。相反，在产业边界融合中还将成长出新的产业形态，这些产业形态极其特殊，以至于我们已经无法准确地把它们划分到传统三次产业之中，它们很难属于传统三次产业当中的某一种类别。所以，一个有趣的现象就是，新形态产业的出现，迫使人们将一些特殊的产业类型进行了无奈的、特殊分类，例如把软件设计产业称之为"2.5产业"等，原因就在于此。

基于产业融合而迅猛发展的服务从社会生活的方方面面对传统社会结构形成了冲击，成为服务型社会的重要标志。

服务贯穿于各个产业之中本身就体现了各个产业的特质，集各个产业于一身，使得产业观念发生了变化，传统的经济管理模式由市场导向将会被以客户为导向的管理模式所代替①，这种经济管理模式改变了前服务型社会中各个经济主体之间的关系，使对象的需求成为生产的重要导向。我们不妨从公司的角度勾画出一个服务型社会中的服务情况。

公司行为在服务型社会中至少需要体现出六种关系：第一种关系强调公司的服务策略必须与它的客户进行沟通，以便实施让客户满意的服务策略；第二种关系强调服务策略也要与它的内部员工沟通，提高员工自身的满意度；第三种关系要求保持服务策略与指导公司日常运作系统之间的一致性；第四种关系包括组织系统对所有客户的影响，通过提供服务向客户施加影响；第五种关系强调的是组织系统和公司员工努力的重要性；第六种关系是客户与服务提供者之间的相互作用关系②。

公司行为在服务型社会中的上述六种关系提示了服务型社会中各个经济主体之间的关系，也很好地说明了其他领域内各个服务主体与服务对象之间的关系，这六种关系对于探讨服务型社会中的各种经济关系有着模式和启示意义：

首先，从范围上看，服务型社会中服务不再仅仅是企业

---

① Lenard A Schlesinger and James L. Heskett: "The Service – Driven Service Company", Harvard Business Review( September – October 1991) , 71—75.

② ［美］K. 道格拉斯·霍夫曼、约翰·E. G. 彼得森:《服务营销精要》，东北财经大学出版社 2004 年版，第 17—19 页。

或者各个环节构成的系统，而是可以从经济领域扩展到整个社会领域，扩展到社会活动中所有的主体，因而这一服务包括社会有机体所有构成部分。

其次，从生产的角度看，"产消者"的出现使客户与员工的界限在服务型社会中变得更加模糊，客户与员工在服务提供过程中的相互协作使传统的生产结构发生本质上的变化，员工面对的不再是机器及产品，而是各种各样的客户。

再次，从服务领域上看，服务策略在服务型社会中其内涵也逐渐扩大到政治、经济、文化等领域。在政治领域，它突破传统的统治范畴，真正实现了公民社会的网络治理结构，服务或自我服务成为唯一的理念。在经济领域更是如此，传统的市场导向在发达的信息沟通渠道下更加完备、更能准确地捕捉市场需求尤其是顾客的个性化需求。

### 三、服务型社会的生产力结构

按照马克思主义的基本观点，经济因素尤其是生产力因素对整个社会的变迁起着关键性作用，生产力成为社会发展的原动力。然而，经济社会的快速发展越来越表明，不同的时代以及在社会发展的不同阶段，社会生产力的表现形式及其展开方式存在着显著差异，作为社会发展动力的生产力内涵日益丰富，外延不断扩展，生产力的表现形式也呈现出多样性特征。

在社会发展的具体阶段中，社会生产力的三大基本要素以及在此基础上形成的劳动工具、劳动手段、劳动方式其地位与作用总是处于不断变化之中，在特定的社会发展阶段，其中起主导性作用的也许只是生产力诸要素中的某一方面。原始社会主要以天然自然物为劳动对象、劳动工具以及劳动手段。农业社会则增加了人造工具，如青铜器以及铁器等在农耕中的使用，劳动资料也不再局限于对天然物的采摘，而且还包含着对自然的开垦。到了工业社会，作为劳动工具的纯粹天然自然物以及一般自然物已经逐渐为人造物所取代，劳动者的劳动越来越借助于人所创造的劳动工具进行，人的因素在社会生产以及社会发展中的作用不断增大。到了现代社会，劳动者在创造社会生产力过程中进一步摆脱了对自然的束缚以及对对象物的依赖，而更多地依靠劳动者自身的力量，尤其依靠自身的智力。从这个角度看，社会的发展与生产力的发展具有内在的同一性。因此，我们有必要讨论具有社会历史发展特殊性的社会生产力内涵及其表现形式，从而揭示出社会发展的结构形式、动力系统以及支撑条件，以便更好地推进经济社会以及人自身的全面协调发展。

在服务型社会里，服务变成了生产力，它既能作为工具性的意义存在，又能产生社会效益，更能带来经济效益，而不仅仅只是那些有形产品的生产才是物质财富的积累，才能够代表生产力的结果。在这里，服务不只是产品的附加值，服务更直接表现为运行功能，产品已经成为服务的中介与载体，服务亦成为产品和生产运行的手段，各种生产活动只有具备一定的服务意识，借助于服务特定的服务手段、服务工具、服务内容等才能开展，各种产品只有依靠服务才能销售与让渡，才能获取相应的利润，各种产品及各种产品的生产一定是建立在明确的服务对象、特定的服务范围基础之上才能生产产品以及进行产品的生产，否则这样的产品生产和生产产品就失去意义和价值。从这个角度看，产品生产和生产产品已经成为凝聚服务的一部分，服务就是一种生产力，服务型社会里，服务甚至比其他生产方式更具有生产力性质。

企业是这样，政府等机关事业单位同样也是如此。在服务型社会里，服务及服务性的标准同样也已经成为政府能力的一部分，每一个政府都试图转变职能，转变管理方式，努力以服务性的思维模式，服务的工具为民众、为群体、为企业以及为整个社会提供取信于民的服务，服务显然是政府成功于民，获得民心的法宝与关键。所以，在这样的社会里，政府没有自己的特殊利益，它只有把民众的利益、他人的利益服务好、照顾好才能得到自我发展，甚至在某种程度上讲，政府就是一个服务的中介，一个为社会、为个人提供良好社会服务的机构，这是服务型社会中任何一级政府的"天职"。政府要能够为企业、为民众、为纳税人以及为整个社会服务，也只有这样，政府的合法性基础才能不断夯实，政府才能真心得到民众的支持。为此，政府就要着力强化服务意识，与民众建立一种平等、互信的和谐关系，营造出一个快速发展的社会环境，以促进经济社会快速持续发展。在这里，服务显然是生产力结构中最重要的部分。

# 第三节 服务型社会的非经济结构

任何社会的结构都是一个包含着经济政治在内的有机整体。服务型社会除了有着自己的经济结构之外，还有政治、组织、文化等非经济方面的结构，它们构成了这个社会的结构体系，我们把它称之为非经济结构。下面我们就来分析一下服务型社会中的非经济结构。

## 一、服务型社会的政治结构

马克思从冲突的角度出发，认为政治是经济的最集中表现，是一个阶级与其他阶级之间的斗争。经济上占统治地位的阶级总要压制其他阶级，以便实现本阶级的利益。在前服务型社会里，政治结构以权威统治或者科层制度为主导，呈现出金字塔结构，处于塔尖上的一小撮统治者掌控整个社会的资源，并控制着下一层的统治者，下一层统治者再按照科层制度对再下一层民众实施控制。因此，前服务型社会中强调对被统治阶级的控制、治理与管理，把政治当成一种社会的利益关系来实现对社会价值进行权威性配置，这样的政治统治只有奴仆对主人的伺候与服从，只有下级对上级的伺候与服从，没有上级对下级的服务，更没有统治者对民众的服务，不存在任何的服务。

在服务型社会中，政治的对内职能不再意味着强制或统治。建立在各个平等主体基础之上的服务理念贯穿于政府的机构设置、运作流程并引导和规范政府机构及其成员的行为。在这样的社会中，"政治不再是多数人服从少数人的暴政"，而是少数服从多数、多数尊重少数的服务性平台，因而表现为少数人服务于多数人，从而实现自身政治价值理想的平台。由于社会政治结构是社会的政治上层建筑，它包括根据一定意识形态及政治价值观所制定的政治制度、法律制度以及其他具体制度，这样的制度在服务型社会中表现在切实为公众、为社会服务，注重公民本位、社会本位而不是权力本位，它将把政治、政府定位为服务者角色，通过法定程序，贯彻"为人民服务"，倡导公正执法、文明执法，切实体现社会平等、政治民主和以人为本，努力与整个人类社会的文明发展相一致，使得政治表现为文明。从这个角度看，服务型社会的政治结构主要体现在政治文明方面，它包括服务型社会的政治制度文明和政治行为文明两个层次。

从政治制度文明来看，服务型社会的政治制度主要建立在民主、平等、自由等基本政治价值观之上，始终贯彻以民为本，制定较为完备而人性的制度，保证个人公平地享有社会发展成果，允许社会成员自由地追求自身的发展，这是服务型社会得以存在和发展的基本政治条件。同时，服务型社会在法理上将会更加体现"民有"的国家政权本质；在政权的阶级属性上将会更加尊重普通大众的自由意志；在国家机构的设置上将会更加注重自身作为服务者而非统治者的角色，努力完善国家的社会职能；在制度上将会更加注重公民个人利益的表达，为公民参与公共事务提供更大更多的便利，使权力真正能够为大多数人的发展提供服务。总而言之，服务型社会的政治制度将会更加淡化政府的政治统治职能而强化社会服务职能，它会以为公民的自由而全面的发展提供服务和便利为目的，政府由控制到服务的转变体现着服务型社会政治制度的文明。

从政治行为文明来看，服务型社会的来临意味着官僚政治制度失去了存在根基，世袭制度、文官终身制度终将走向终结，公务员将会成为真正的为公民提供公共产品和服务的公共部门劳动者，公务员在行为本质上与其他行业从业者的界限将会逐渐模糊直至消除。服务型社会的来临也意味着"政治神秘化"、"政治操作"、"政治黑匣子"走向终结，取而代之的则是"政治行为公开化"，整个社会的政治活动都在公众的注视下公开运作。服务型社会的来临还意味着"专制主义"、"等级特权"、"命令政治"以及"人情关系政治"走向瓦解而"政治行为平等化"的兴起，它实现了从"人服从于人"到"人服务于人"以及"人只服从正义"的双重跨越。服务型社会的来临同样也意味着以往那种充满血腥、暴力的专制政治走向坟墓，而政治行为非暴力化大行其道，努力以非暴力、人道以及和平的方式解决各种政治争端。当然，服务型社会的政治行为文明还表现在公民社会的高度发达，公民自我服务和为他人服务的意识增强，社会成员会更多地以"第三部门"为载体进行全社会的自我服务。

服务型社会的政治结构所具有的这些特性除了需要特定的经济基础外，政府服务能力的提高也是不可或缺的条件，很难想象一个僵化、低效、依靠经验、推崇控制的官僚制政府能够成为真正为民服务，得到民众拥护的政府。服务型社会的政府一定是一个充满活力、富有效率、能够为全社会提供公共产品与相关服务的政府。在这样的社会里，公共产品的提供本身也已经内化为一种服务，一种关注普通老百姓的利益、需要和愿望的服务，这样的政府着力改善民生，尤其重视加大民众生存与发展的教育、医疗卫生、就业、养老等方面的服务供给，能够把公共财政用到惠及民众日常生活，使人民安居乐业、心情舒畅、生活幸福的事业中来。为此，服务型社会的政府一定会强化政府的公共责任意识，改变公共服务供给方式，提高政府服务供给的效率，履行公共责任服务，不断从全能型政府转型为服务型政府，从审批、控制型政府走向服务型政府，进而转向民治、民有、民享型政府，这样的政府才能真正受到民众爱戴。

## 二、服务型社会的组织结构

传统的社会组织结构基本呈现分层结构或中心——边缘型结构形态，这是典型的前服务型社会组织结构形态。我们认为，服务型社会的组织结构的理想形态应当是"网络型分布"、"网络型运行"模式，"网线"与"网线"之间，"网格"与"网格"之间是一种互为依存、互为前提，平等运行的关系。服务型社会行动主体繁多，性质各异，存在方式复杂，但彼此尊重存在的权利，这些不同的主体都会从他人提供的服务中获得发展，自身也在不断地为他人以及组织提供自己的服务。在服务型社会里，权力或权威不再是组织结构划分以及组织得以维持的主要因素，相反，各个主体在网络模式中通过平等的对话协商在获得自身发展的同时，也为社会共同体中其他成员的发展提供所需要的服务。因此，服务型社会的组织结构就是一种平等式的网状结构、网状运行，各个主体之间体现着平等关系。这种组织结构包括阶级或阶层结构、权力结构等方面。

从阶层角度看，在服务型社会里，人的发展日益走向自由和平等，由人所结成的阶层主要依据服务而存在，依据服务类型、服务范围、服务内容的不同而把人分为若干具有差异性的阶层，它们为自身、为社会提供服务的能力、水平、数量、程度等不尽相同，由此形成了不同的社会阶层，但这些阶层的差异不分高低、贵贱，在这里，作为权力表现的秩序——分层也会更有利于为人的发展提供各种专业性的差别化服务，这种秩序使得不同的个人和群体能根据自己的特质一方面得以向社会提供自己的专业化"服务"，以便促进自我及他人的发展；另一方面他们也能够获得自身生存与发展所需要接受的同样是专业化的"服务"。在这样的社会分层结构中，人与人之间的关系是合作互助、平等互助的关系，借用马克思的一句话，就是努力实现人的"个性自由与全面发展"的关系①。因此，这样的社会整体上不再是"金字塔"式的社会组织结构，而是趋于更加和谐稳定的"橄榄型"的社会组

---

① 马克思：《马克思恩格斯全集》第 46 卷上，人民出版社 1979 年版，第 104 页。

织结构。社会组织结构的分层会更加扁平化，其等级差别、阶层地位差别会逐渐淡化，代表不同群体利益或需求、能够提供不同服务的社会组织在其中不断产生，任何一个组织，只要能为社会、为他人提供所需要的服务它就能得到生存和发展，这样的组织结构就能够稳定性地发挥作用。这种多样性的、平面化的社会分层结构可以使得大部分社会成员对自身发展的不同需求得以表达，也使得不同群体之间的协作互助更加高效和有针对性，促进社会、政府、公民之间的协作，为不同的个体、群体提供针对性强的个性化产品和服务。

就阶层流动而言，服务型社会中以人口为基础的阶层流动将更加频繁，其流动方式也会更加多样以及更加灵活。社会流动不是依赖于产业结构以及所有制结构，更多的是由职业结构、教育结构乃至人口结构变动所引起的，它是以人口的迁移，产业的变动，人们职业的变动为标志，这些因素促使服务型社会组织结构不断重组与变迁。

在服务型社会里，社会阶层的流动更加具有平等性。前服务型社会，社会各阶层之间的流动主要有两种形式——垂直流动或水平流动，其中垂直流动意味着社会地位的提升、经济资源的获取，这样的流动更容易得到社会的认同，因而前服务型社会的流动主要体现在经济流动或政治流动方面。但是在服务型社会中，由于各阶层地位本质上的一致性，这种流动表现为各个阶层在社会服务环节中的地位、重要性、服务类别、服务内容方面的变化，因而社会阶层的流动主要表现为水平流动；同时，服务型社会中引起流动因素不在于经济或政治，而在于服务能力以及服务方式，谁能更好地为自我的发展提供服务，谁就更能吸引人口的流入；社会流动的目的不是为了个人获得社会统治与社会控制的权力，而是为了更好地获得各种服务社会的能力与资源，服务便于是也成了引起人口流动的生产力因素。

### 三、服务型社会的文化结构

文化结构虽然受制于经济结构，为特定的经济结构所服务，但是它与组织结构及政治结构紧密相连，成为影响整个政治与组织结构的重要方面。所谓社会文化结构通常就是社会的意识结构，它是建立在特定社会经济基础之上的思想上层建筑。社会文化结构往往服务于特定的经济与政治结构，它既包括政治、法律、科学等意识形态，也包括风俗、习惯等社会心理现象，并为特定的经济及政治结构所服务。在前服务型社会里，社会文化结构服务于政治或经济结构，体现为权威控制与权威统治，以便维护社会统治。

服务型社会里，人们的政治、法律、风俗、习惯等一般意识形态构成了服务型社会的文化结构。其最大特点在于对自身发展的自由、平等、趋同的表达与获取。服务型社会中的文化结构将围绕着自由、平等、趋同的文化精神展开的。

自由是服务型社会文化结构得以存在的重要基础，也是服务型社会文化结构的重要方面。与工业社会里的自由不同，由于服务总是以平等为前提的，公平自然就构成了服务的本质之一，因此，服务型社会的自由不是一种抽象的自由，而是一种具体的、历史的自由，是以服务能力、服务本领以及服务水平的供给为基础的自由，它是社会成员自由地表达和实现自身发展的需要。这种自由的文化精神是构成公民社会的基础，是社会中"第三部门"得以发展成为最重要的服务供给平台的理由之一。

就平等而言，服务型社会中文化结构中的平等一方面体现为各个行动者都是服务供求的平等主体，他们能够平等地向社会提供服务并获取自身所需要的服务；另一方面，平等也体现在人们要求并维护公民社会的意识增强，进而在法律制度上体现出这种要求。同时，平等还体现在日常生活中人们会更多地专注于实现自身价值并努力为其他人的发展提供力所能及的服务。在这样的文化结构中，政府会更多地体现出它在社会利益再分配方面的协调作用，调配各项利益在不同群体之间的分布，为不同群体提供起点公平的同时努力实现过程公平与结果公平，通过服务实现具体的公平。

文化趋同是服务型社会文化结构的又一方面，它是构成服务型社会文化结构相对稳定的重要因素之一。具有相同、相近文化背景和条件的人与人、主体与主体之间才能建立起"血脉相连"、"事业相通"的关系。就经济领域的产业分工、产业链条关系而言，具有同质、同向的产业运行经营主体之间才能建立起产业协作、服务与被服务的关系，并且这种关系还必须建立在合作双方相互信任和认知基础上，包括管理文化、产业背景等，在这些趋同性前提下，主体与主体就能建立起自由、平等的契约关系。而就人格认同来讲，具有相通人格文化、人格秉性，双方相互欣赏和感情默契的参与人之间更容易建立起协作关系，这同时就告诉了我们一个道理，即文化不趋同的主体与主体、参与人与参与人之间是不可能建立起分工协作关系、服务与被服务关系的。

服务型社会的政治、法律、风俗及习惯等都会围绕着自由和平等的价值基础展开，形成服务型社会特有的文化结构，并引导和规范人们的行动。

# 第四章

· 服务型社会的运行

每一个社会的运行都有着自身的逻辑，体现着自身的规律，展示出这种社会类型的独特价值。为此，我们就必须首先要分析并回答服务型社会的运行逻辑以及运行方式是什么？其次再回答"究竟是什么力量推动着服务型社会的有序运行"？在本书看来，服务型社会里，以服务为标准将统领整个社会的经济生活、政治生活以及社会生活，服务成为推动整个社会运行的动因。我们将分别从这三个方面试图加以阐述，揭示服务型社会的运行逻辑与运行规律。

## 第一节 以服务的方式运行经济

所谓经济生活通常指人们为了生存与发展而进行的经济活动。在不同的社会发展阶段以及不同的历史发展过程中，由于人类生活的经济、政治以及社会环境不同，尤其受到不同的生产力以及生产方式影响，人们的经济生活资源以及经济生活方式也表现出明显的不同。在服务型社会里，这种差异性表现在三个层面：以服务的方式配置资源、以服务的方式确定价格、以服务的方式决定产品质量。

### 一、以服务的方式配置资源

西方经济学把资源稀缺性作为自己的理论前提，资源稀缺构成了西方经济学最基本的假设。在此基础上，西方经济学认为，资源稀缺性与人的需求欲望无限性之间存在着尖锐的矛盾，这种矛盾存在于一切时代和社会。为此，任何一个社会的首要任务就是采用某种调节机制和调节方式对资源的不同用途以及在不同使用者之间进行有效的配置，较为合理地调整人们对资源的占有，最大限度地满足人们的需求欲望。而如何把稀缺性资源利用好，如何把这种稀缺性资源配置好，以何种手段和方式对资源进行有效配置是任何社会都必须解决的重要问题。

在初民社会里，人类配置资源的方式主要依靠习俗，也就是靠整个社会的风俗习惯以及民众的消费偏好。在摩尔根笔下的古代社会、马林诺夫斯基的《西太平洋的航海者》中的那群土著居民、马塞尔·莫斯的《礼物》中的毛利人等，都是对原始社会经济形态及其资源配置方式进行的描述。在人类学家看来，在初民社会里部落之间以及部落内部之间既没有计划，也不存在市场，部落之间及其内部资源或产品的配置是按照习惯或偏好进行的，也有的是按照伦理、道德、习俗进行配置资源的。新西兰人的库拉交换、毛利人的礼物流动都是这种配置方式。莫斯认为，初民社会里的资源配置本身不是一种经济性行为而是一种义务性行为，资源的配置、夸富宴的举行其实质也在于证明自身"能够为财富之灵魂所附、所宠，能够证明他被财富所罩"[①]。除此之外，偏好作为一种配置资源的方式也存在着，它们也会形成资源配置的地区差异。比如中国北方人主食面，南方人主食米，由此就形成了南北地区对于主食的不同配置偏好。

---

① ［法］马塞尔·莫斯：《礼物》，汲喆译，上海人民出版社 2002 年版，第 70 页。

在前市场经济社会里，人类配置资源的方式主要依靠权威，权威成为整个社会的权力运行以及计划安排的杠杆。卡尔·波兰尼通过对前现代社会的研究发现，经济不是完全自足而是从属于特定的政治、宗教之中，存在于特定的社会关系之中。经济总是嵌入于社会，完全自我调节的市场经济根本不存在。波兰尼认为，在前市场经济社会里，所有大规模的经济都是通过权威、以"互惠"和"再分配"的原则配置资源的。在那个社会，所有的资源配置都是"互惠的"，遵循着"礼尚往来"或者"权威统治"的规则。为了保证这些规则得以实施，社会不是采取利益关系的调整，不是依靠等价交换的确立，而是紧紧地依靠"习俗和法规、巫术和宗教的相互协作"所产生的强制性力量引导人们遵从一般的行为准则[①]。从这个角度看，在前市场经济社会里，权威在资源配置中起到更为明显的作用。

按照马克斯·韦伯的看法，在现代法理型社会来临之前的前市场经济社会，更多的是那些卡里斯玛型统治者依靠个人的人格魅力或领袖的力量去配置资源。韦伯把"经济行动"理解为行动者对其与经济有关的行动赋予主观意义，因此，经济行动同样既是主观的，也是"社会的"，它内在地包含着支配权力以及如何支配自己的劳动，同时，行动者可能"利用暴力保护已经占有的机会"[②]。这充分表明，经济行动总会

---

① ［英］卡尔·波兰尼：《大转型：我们时代的政治与经济起源》，冯钢等译，浙江人民出版社 2007 年版，第 47 页。

② ［德］马克斯·韦伯：《经济与社会》，林荣远译，商务印书馆 1997 年版，第 233 页。

与某种权力因素结合在一起，这在集权国家往往就会采取计划的方式进行资源的配置。

在市场经济社会里，人类配置资源的方式主要依靠市场，各个经济主体按照自己的理解与判断进行独立的决策，其目的是为了实现自身利润与效用的最大化，而这些经济主体主要依赖于市场信息尤其是价格信息进行决策。因此，在市场经济条件下，资源配置通过市场机制，即通过市场上的价格机制、供求机制以及竞争机制去引导资源的流向。从手段上看，市场经济主要通过价值规律尤其是运用公开的价格形成公平的竞争来实现对资源的配置。这正如恩格斯所言："只有通过竞争的波动从而通过商品价格的波动，商品生产的价值规律才能得到贯彻，社会必要劳动时间决定商品价值这一点才能成为现实。"①

具体来说，在市场经济社会里，借助于公开的价格机制自发地调节企业的生产、个人的消费以及整个社会的宏观经济，这种价格调节机制已经不再是依靠习俗与权威，而是采取公开、公平以及公正的方法随着商品供求关系的变化而变化。在价格、竞争、利率等所谓的杠杆作用发挥中都离不开公平、公开、公正方法，由此它们才能够更好地调节生产与消费，使得供求关系灵活地变动，同时利用公开而公平的竞争机制促进了市场经济的运行。竞争是价格、品质、利率等市场机制充分展开并发挥功能的保证，这种竞争能够打破部

---

① 马克思：《马克思恩格斯全集》第 21 卷，人民出版社 1965 年版，第 215 页。

门与条块之间的分割，促进商品流通和生产要素的有序、有效交流，从而有利于形成优胜劣汰的公平竞争关系，推动社会生产力发展和经济效益的提高。

　　传承以往社会资源配置方式的变化性质，可以认知出在已经展开的服务型社会里，人类配置资源的方式更主要的是依靠服务，服务既是配置资源的手段与方式，也是资源配置方式变化的结果。一方面，服务型社会里，人类不会简单完全地抛弃以往曾行之有效的配置资源的手段或方式，依旧要积极吸收习俗、偏好、权威、计划以及市场等资源配置手段中的合理内核，按照古为今用、他为我用的思路进行。这就是说，今天的社会发展是对以往社会类型的继承和扬弃，是在以往资源配置方式接受、传承基础上的推陈出新。另一方面，人类也会根据经济社会发展情况的变化，对资源配置方式进行变革，越来越愿意采取服务的方式配置资源，把更多、更优质的资源配置给那些能够提供服务、能够提供完善服务尤其是提供优质服务的个体或群体身上，资源的配置越来越取决于对象的服务能力、服务手段以及服务水平而不是其他因素，于是，服务能力与服务水平与资源配置就呈现出相关关系。

　　在服务型社会里，供求关系的确定以及竞争机制的选择都与服务密不可分。从供求关系的确定来看，某个企业之所以愿意选择与另外一家企业合作，就在于这家企业能够提供比其他企业更为完善的服务；消费者之所以对某种产品形成需求，就在于与其他企业相比，生产这种产品的公司企业所提供的服务更为周全，更能得到消费者的认同。从竞争机制的选择来看，无论是企业还是其他社会主体，谁能提供优质而周到的服务，谁就能够参与产业运行的链条之中，并在竞争中处于优势地位，掌握竞争主导权；反之，谁不能提供良好的服务，谁提供的服务不能令人满意，那么，它在竞争中只能处于劣势地位，也就有可能丧失竞争主导权，甚至连参与的机会都会丧失。

这样看来，在服务型社会里，不仅价格、竞争、利率等所谓杠杆作用的发挥离不开服务，甚至连传统的权威、计划以及习俗也发生着深刻的转型与变迁并与服务结下了不解之缘，打上了服务的烙印，带有服务的印记。权威与计划都体现在服务之中，服务能够形成权威，服务体现着权威，服务形成计划，最高的权威就在于服务。其他诸如竞争关系的形成，利率的变动主要在于服务的提供的水平与能力，服务水平的高低、服务手段的新旧以及服务能力的大小等因素成为决定价格与利率的重要方面，成为整个经济社会资源的配置方式。服务由此成为一种重要的调节机制、制约机制，服务成为资源配置的标准。

## 二、以服务的方式确定价格

从商品价格的形成来看，商品价格的高低已经不是依据有形的价值，尤其是商品的使用价值来确定，而更多地参考了服务的因素。由于生产力的高度发达以及生产工具的革新，商品的质量及其所消耗的社会必要劳动时间大致相同，商品价格的高低更多地根据附着在商品身上的各种服务能力、服务水平来决定。同一种使用价值的商品，其市场价格之所以不同，不在于生产这种商品所需要的社会必要劳动时间的长短，不在于商品成本的高低，甚至不在于商品质量本身的差异，而在于服务的手段、方式、模式水平等的差异上，高品质的服务自然形成高价值，高品质的服务体现着社会必要劳动时间的变化，因而往往带来高附加值的产品利润。服务型社会里，服务能够成为凝聚在商品中的无差别的抽象劳动，这种无差别的抽象劳动形成了商品的价值，并通过货币的形式表现出来，产生各种不同的价格。

举例来说，某个不知名的企业每月生产相同品质的笔记本电脑 10 万台，其中 5 万台为知名品牌公司贴牌生产，其余 5 万台则使用本公司的品牌直接销售。毫无疑问，贴牌笔记本电脑所标识的零售价格会远远高于直接使用本公司品牌的笔记本电脑价格。尽管两者的生产成本、原材料使用、产品的品质等几乎一致，这两款笔记本电脑的使用价值，甚至使用寿命也完全一样，但它们的价格肯定完全不同，原因就在于其中蕴涵在品牌当中所产生的服务能力、服务水平、服务方式、服务质量以及消费者对该产品服务的认同度等方面存在着巨大的差异。这表明，服务型社会里作为决定商品价格因素的供求关系已经得到了扩展，这种供求不仅只是商品的多寡而且还包括商品自身所体现出来的服务能力的大小，服务认同度的高低，它们同样成为决定商品价格的重要方面。

从价格构成要素来看，价格的构成是指形成价格的各种要素及其组成情况。在服务型社会里，商品价格由两大要素组成：服务成本以及利润大小。服务成本包括生产成本以及品牌成本。前者包括生产该种商品所消耗的原料、能源、设备折旧以及劳动力费用等。而后者则包括为该种商品所进行的品牌设计与品牌培育等；之所以把生产产品所消费原材料、能源、设备折旧、劳动力费用、品牌培育等内化为服务成本，是因为如前所述，我们把为客户提供产品或商品的行为称之为服务行为，就像我们对接受配件产品的企业称其为实体消费者一样。我们已经把产品或商品仅仅视作是完成服务行为的物质载体。因此我们才说，所有为生产商品或产品所消耗的原材料、能源、设备折旧以及劳动力等都是为服务行为所进行的投入。商品的利润则是劳动者为这种商品提供生产及服务的货币表现。一般情况下，商品的生产成本会随着生产力的发展、科学技术的进步逐步降低到一个相对固定的水平，但是，由品牌所形成的服务能力、服务成本则会根据提供服务的独特性、差异性以及新颖性等有所上升，有时它们还可以转化为利润的一部分，因此，生产者在确定商品价格的时候会更多地考虑到自身服务的差异性，通过提供高质量的服务来实现高额利润，服务能力与服务水平由此就成为产品价格构成以及利润获得的一个重要方面，服务能力及其服务水平自然也就成为价格制定的重要考量。

还是以上面的案例为例：相同品质、贴上两种不同品牌的笔记本电脑之所以销售价格差距拉大，表象的原因就在于品牌的不同，其实，这种品牌的背后隐藏着服务能力、服务水平、服务本领以及服务认同度的差异。虽然产品出自于同一工厂的同一生产线，但由于各个品牌被消费者所认同的服务标准程度不同，消费者更愿意购买已经被人们认同的，服务完善、有服务保障的产品，从而推动这类产品价格的提高。

从商品的供求状况来看，服务型社会作为影响价格变动重要方面的供求关系已经发生了很大的变化。从内容上看，供求关系已经转变为对服务的供给与需求。从形式上看，价格的变动主要受到服务提供与服务需求的影响，服务提供者能够紧紧抓住服务需求者的文化与心理而获取较高的利润，反之，则不能获得相应的市场份额。从内容与形式相统一的角度看，当服务供给大于服务需求的时候，决定商品价格的因素是差异化服务，谁能够提供具有特色、展示个性的服务谁的价格就会高；而当服务供给小于服务需求的时候，决定商品价格的因素则是服务的数量，谁提供充足的服务谁的商品价格就高。因此，所谓服务型社会里商品的价格往往更多地根据服务来确定，任何一个生产者如果要想提高自身的产品的价格、以便获取较高的利润只有在坚持质量的基础上注重服务方式的改进、服务内容的提升、服务形式的深化、服务手段的更新才能获取较高的回报。

上述表明，服务型社会中商品价格的竞争不只是表现在生产某种商品的纯粹生产性成本的竞争，而且还包括为该种商品进行配套、提供服务标准、服务水平高低之间的竞争。或者说，服务型社会里，构成商品价格的服务成本不仅包括我们所熟知的生产过程中所消耗的全部生产成本，如原材料、人工以及制造费用等可见成本，还包括不可见的、不为我们所熟知的一些虚拟成本，如创意、服务、品牌等成本。当然，所谓不可见的虚拟成本当中有些成本只是当期不可见，先期进行的品牌推广、培育等是可见的。服务成本低但服务标准高，商品就有价格优势和竞争力。因此，所谓服务型社会里的商品价格的制定主要根据各个环节中的服务能力，诸如服务于生产环节的能力，服务于管理环节的能力以及服务于市场销售的能力以及售后服务的能力等来确定是有道理的。

从商品价格的表现形式来说，商品的价格不仅取决于使用价值和价值两种表现形式，而且还取决于这种商品的服务能力以及服务价值。按照经典政治经济学理论，使用价值大以及凝聚在商品中无差别的一般劳动多，商品的价格自然会比较高，这种理论反映在今天的服务型社会中就意味着，如果某种商品能够为消费者提供更多、更好、更优质、更有特色、更个性化、更人性化等的服务，这种商品（产品）的价格也就会比较高；如果某种产品（商品）能够为消费者提供的服务模式平凡，甚至不佳，那么，这种商品（产品）的价格自然就会比较低，因此，服务型社会中考虑商品价格变动的因素是非常丰富的。

### 三、以服务的方式决定产品质量

在服务型社会里，服务成为影响产品质量高低的重要方面。

第一，完善而优质的服务是任何一个行业得以生存和发展的根本。任何一个企业、社会团体以及社会组织等部门要想生存和发展，就必须设法为它所服务的对象，如顾客、社会、投资方、供方等提供满意的服务，让服务对象认同自己的服务，能够接受自己的服务，服务对象在接受服务之后企业以及其他社会组织自然就得到了发展。为此，它就必须对自身所提供的服务具有良好的信任度，而且要能够提供足够的证据证明自身能够提供"持续合格"以至"持续优良"的服务，它由此构成了整个质量保证的一部分。按照借鉴 ISO9000 的理解，我们可以从五个方面进行阐述。

从可靠性角度看，服务型社会里任何一个服务供方要能够可靠、准确、及时地履行向服务的需方提供质量可靠的服务承诺。质量可靠的服务行动是服务需方所希望的，它不仅意味着服务以相同的方式、无差错地准时完成，而且也意味着供方所提供的服务要能够为需方所接受与认同。对需方来说这种服务的供给是必要的，也是必需的。

从响应性角度看，服务型社会注重人人为我提供服务、我为人人提供服务的双向平等的服务原则及价值理念，而这个理念就意味着服务的供给要得到服务的需求响应。这意味着生活在这个社会中的每一个行动者都有帮助他人、为他人提供服务的愿望、动力与责任，如果他人无法得到必要的服务不仅会对整个产品或服务的质量造成无可挽回的消极影响，而且也不是这个社会所认可的行为准则，必然被这个社会所淘汰。

从保证性角度看，服务型社会里每个行动者都表现出足够的服务自信以及可靠的服务知识、服务技能以及服务能力。其中，每一个行动者要有完成符合服务质量标准、满足他人需求的服务能力，要能够善于尊重各个服务需方的差异性，认同服务需方的文化多样性，与他们进行有效的沟通，使服务需方感受到服务供方的态度与诚意，从而更好地为他们提供服务。

从移情性上来看，移情在服务型社会里表现为每个行动者要能够设身处地地为他人着想，要能够对他人给予特别的关注，真正做到"我为人人"，把他人作为自己所服务的对象，在服务对象的过程中实现自身的价值。因此，服务型社会里接近他人的能力、与他人沟通的能力，设法了解服务对象的需求将成为衡量服务质量的重要方面。接近他人、与他人沟通以及了解服务需方的方式也将成为衡量服务质量的重要方面。

从有形性角度看，服务是无形与有形的统一，服务在无形中彰显有形。例如，对代工企业的选择很关键的一点就是看这个代工企业能否提供优质的生产性服务，这是服务有形性方面。再如，消费者对某种品牌的选择其实就包含着对该品牌的认同，这是服务的无形性方面。因此，服务型社会里服务无处不在、无时不在，它通过各种设施与设备的提供、服务供方的精神面貌、服务需方的满意度及认同度等几个方面展示出服务质量的高低优劣。

第二，影响产品质量的各个环节、各种要素都与服务紧密相连，都以服务为主导统领这些因素。在服务型社会里，制造已经不再是一种单一的产品生产过程，而是转变为一种服务，我们不妨称之为"制造服务"，它无疑是影响产品质量的重要方面，它是指包含从产品生产到使用过程中各种形式的总称。

首先，从制造工艺的角度看，服务型社会中产品的工艺直接体现着服务。一方面，选择什么样的工艺要以他人、以客户（需方）为宗旨，最大程度地满足服务需方的要求，根据服务需方来确定选择何种工艺。工艺的选择与使用就体现为一种服务。另一方面，如何进行工艺制造也要与服务需方沟通，满足服务需方的个性化需求。代工生产就是明显的例证。在贴牌生产过程中，所有 ODM 或 OEM 厂商生产工艺的选择以及如何进行工艺制造都要按照品牌生产商的要求，满足品牌生产商的偏好，否则 ODM 或 OEM 厂商将不能获得足够的生产或加工订单。当然，从终极意义上讲，品牌生产商的爱好最终也是以终极消费者的偏好为依据，以客户的需求为依据，这样，生产工艺的选择与使用都是以提供令消费者满意的服务为根本。

其次，从制造设备角度看，每一个 ODM 或 OEM 厂商为了给那些品牌生产商提供产品必须拥有一定的物质设备，设备对产品的质量、性能具有关键性的作用。但是使用什么样的设备进行生产、设备的生产能力以及该种设备所生产的产品标准等则根据品牌生产商、进而最终由消费者所决定。因此，ODM 或 OEM 厂商的机器设备要能够按照品牌生产商所提供的尺寸、规格、功能、大小等进行某种产品的生产。企业的设备成了为品牌生产商提出某种服务要求的服务工具。当然，从另外一个流程看，生产机器设备的厂家本身又是为 ODM 或 OEM 厂商提供服务，设备生产厂、供应商同样要在服务的标准模式下提供生产设备和 ODM 或 OEM 代工厂，这样，围绕生产设备所形成的产业链条就成为一种服务的有机体系，生产设备本身成为一种提供服务的中介与桥梁，已经具有服务的功能。

　　最后，从管理角度看，机器设备的使用以及产品的制造都离不开管理，服务型社会里的管理不再仅仅是主管对员工的命令，不再是按照科层制理念由基层配合上级所形成的各种条条框框，诸如报表、规章、数据、记录等。在这个社会里，一方面，管理必须为生产所服务，管理必须服务于经营，只有在服务并服从于生产这个大前提下才能体现"管理出效益"的价值理念，这样，作为一种服务的管理就涵盖了生产的方方面面，包括生产、工艺、技术、设备、安全以及包括技术、维修、质检等。另一方面，管理者会与生产者共同商定管理章程与管理规范，意图是更好地完成生产任务，实现生产目标，从而为其他厂商乃至消费者提供高品质产品。这正如拿破仑·希尔所说："上司如何看待下属，下属就如何看待顾客。"[①] 为此，美国施诺百货公司的组织构造就是一个"倒金字塔"型，意图是不断地提醒企业内部员工要树立层层服务意识。从这个意义上讲，整个管理过程就是服务过程，管

---

　　① ［美］拿破仑·希尔：《思考致富》，邱宏译，天津社会科学院出版社 2008 年版。

理出效益，服务出管理，服务由此产生出效益，效益由服务中产生。

# 第二节　以服务的方式运行社会

社会运行是社会学重要的研究领域，也是社会学基本范畴。各种不同的社会形态及其社会运行方式、运行过程、运行机制等都既具有历史的继承性，展示出人类社会发展所具有的一脉相承的逻辑特征。但是，各种不同类型的社会形态之所以能够独立存在，就在于每一个社会形态的运行方式、运行机制、运行动力也不完全相同，从而体现着社会运行以及各自的社会形态所具有的独特性价值与存在根据。为此，我们就要来研究服务型社会的运行。

## 一、服务贯穿于服务型社会生活之中

尽管社会运行是社会有机体自身的"运动、变化和发展，表现为社会多种要素和多层次系统之间的交互作用以及它们多方面功能的发挥"[1]。但是，由于人们对社会的理解有广义与狭义之分，因此，关于社会运行概念自然也就形成了广义与狭义之差。

广义上的社会运行包含着经济、政治、社会、文化在内的社会生活所有方面的运行情况。在宏观层面上，它主要指

---

[1]　郑杭生：《社会学概论新修》（第3版），中国人民大学出版社2005年版，第55页。

经济、社会以及政治三个维度的运行；在微观层面上，它主要表现为个人、家庭及其他社会群体在物质和精神方面的运行，包括人们的生产与劳动，人们的衣食住行，文娱体育、社会交往、婚姻家庭、风俗习惯、典礼仪式等运行情况，内容宽泛。狭义的社会运行在宏观层面上是指除了经济、政治以及文化以外的社会结构相互作用的过程。在微观层面上主要侧重于个体或群体的社会交往、恋爱婚姻、社会仪式等的运行。我们这里主要从狭义的层面上探讨服务型社会的运行情况。

按照马克思的观点，社会的运行情况取决于整个社会的经济发展状况，尤其是整个社会的经济运行方式以及运作机制，它们构成了社会运行的决定性条件。因此，一个社会的生产力发展状况如何，生产方式怎样，是否形成较为完善的、合理的经济运行体制与运行秩序，不仅关系到社会成员的利益，而且也直接决定着整个社会居民生活的运行方式以及运行情况。所以，以服务来配置整个社会资源的服务型社会必然对人们的生活运行带来革命性影响。

第一，服务贯穿于人们的社会交往之中。社会交往是整个社会生活的基础，它是人们在生产及其他社会活动中发生的相互联系方式。在马克思的视野中，社会交往方式与社会发展密切关联，一定的社会形态必然有与之相适应的社会交往方式，同时也就形成这个社会的交往形式。在1846年12月28日致帕·瓦·安年科夫的信中，马克思对"交往"这个概念作出了明确的说明。他说："社会——不管其形式如何——

是人们交互活动的产物。……在人们的生产力发展的一定状况下，就会有一定的交换和消费形式。在生产、交换和消费发展的一定阶段上，就会有相应的社会制度、相应的家庭、等级或阶级组织，一句话，就会有相应的市民社会。有一定的市民社会，就会有不过是市民社会的正式表现的相应的国家"，马克思还说："人们在他们的交往方式不再适合于既得的生产力时，就不得不改变他们继承下来的一切社会形式。"①从马克思的这些观点来看，社会交往是人们的交互活动，这种活动首先包括人们的经济活动，它处在一定的交往方式中。

马克思认为，不同的生产方式、不同的社会政治制度将形成不同的交往形式与交往方式。在服务型社会里，人们的社会交往中越来越体现着服务的因素，服务统领整个社会的交往过程、交往的范围，人们交往的过程是一个提供服务与获得服务进而提升服务能力的过程，交往的范围取决于双方各自的服务供求关系，交往的半径则取决于服务的能力以及服务的延伸。服务的关系越广越多，服务的半径越大，说明人们交往的关系网络越广越多，人们交往的范围越广越大；反之，则同样。一方面，作为交往基础的经济本质上已经是一种服务的经济，是一种服务能力的经济。交往手段的改进，如交通工具、信息工具等的发展，这些既为人们交往便捷、改变、提升提供了物质条件，同时，交往手段和工具本身也是服务型社会的一种经济成分及效益实体。因此，社会交往

---

① 马克思：《马克思恩格斯选集》第 4 卷，人民出版社 1995 年版，第 532—533 页。

作为对经济的反应自然也具有服务的印记。另一方面，社会交往也反映着特定的社会文化与社会心理。服务型社会里，社会交往强调的不仅仅是工业社会中所追求的平等主体之间的平等对话与平等交流，而且也强调每个主体要设法为对方提供优质的服务。前工业社会所强调的上下尊卑、命令与压制式的交往已经不复存在，工业社会中束缚着人的能动性的交往也失去了存在基础，社会超越了工业社会所追求的平等与自由的交往，服务作为一般的标准引领人们的交往方式和交往方向，平等、自由只是社会交往的前提，而为对方也为自身提供服务、从而促进社会发展才是社会交往的目的。在以服务为标准的社会交往过程中实现了个人的发展与其他人共同发展的有机结合，这样，服务就贯穿了整个社会交往的全过程。

一是交往的工具语言。语言是在特定历史演进过程中形成的、反映着特定的政治与社会关系的符号系统，它体现着这个时代的社会风气、文化心态以及文明程度，也反映着人的存在方式，不同时代的人们其话语方式、语言风格以及词语的选用各不相同。服务型社会里交往的语言已经日益摆脱了传统社会中形成的敬称式语言、命令式语言、管理式语言以及制约式语言，取而代之的则是服务式语言、平等性的语言，它是在坚持主体独立人格基础上，以为他人提供相互理解为目的的话语方式。在这里，语言体现为一种平等而不是管制，语言成为一种相互理解的桥梁而不是攻击对方的武器，语言成为向他人提供服务及提高自我服务能力的一种手段而不仅仅只是一种生存方式。语言由此已经变成了"存在的家"、"自我的家",成为具有鲜明特性与重要标志的交往工具。

二是交往的后天工具,如交通工具设施、信息化工具手段等。交通工具的改进使人们的相聚距离和时间缩短,方便性增强,出现了吉登斯等人所说的"时空压缩"以及"时空抽离化"机制,甚至出现了许多"不在场"的情形,由此人们可以在繁忙、紧张的工作中抽出尽可能多的时间来进行人与人之间的亲密接触。而人们借助交通工具实现生动的、面对面的聚会交往能否成行显然还受交通工具、运营服务质量和安全性等诸多因素的影响,交通工具显然已经以一种服务方式参与人与人之间的交往当中。信息化工具的发展以及信息技术的日新月异,更使得人们之间的联系和沟通变得轻而易举。移动通信手段、网络通信技术出现等,为人们提供了更为便利的交往服务,给人们的交往方式更带来了革命性的变化。与交通工具的使用一样,信息化工具的运营服务质量同样也是影响人们交往的重要因素。

第二,服务贯穿于群体及群体形成之中。从群体的角度看,不同的社会群体的联结与整合方式不同,他们相互联结与整合的动因也不完全一致。前工业社会里,群体的形成更多地由于地理及生存因素,生存是个人组成群体以便对抗自然、保护自我的主要因素。为了生存,人们以血缘关系以及地缘关系为纽带组成了血缘与地缘关系群体,这两种类型的群体成为那个时代的主导。工业社会里,社会群体的形成更多地考虑到个体的工作范围以及兴趣与爱好,原来主要依据熟人关系组成的群体逐步转变为主要依据陌生人组成了群体，从而形成了业缘关系群体、趣缘关系群体，于是，形成群体的功利性更为明显。而在服务型社会里，服务成为联结、形成群体的原因。由于可以相互提供服务而出现了不管熟人还是陌生人，无论是地域远的还是地域近的皆可以自发地形成为一个群体的情况。群体本身具有群体内部成员间相互提供服务的功能。群体的结点、中枢点或者称为平台皆承担着为群体成员提供服务的中心功能，群体具有服务、相互服务的功能及服务能力，服务是这个群体得以存在的关键。同时，无论是初级群体还是次级群体，无论是内群体还是外群体，其划分依据就在于服务对象、服务内容、服务形式以及服务功能方面有所差异，从而形成了各个群体自身存在的合理性。在这里，服务贯穿于整个社会群体形成、维护和联系的全过程。

第三，服务贯穿于整个社会仪式与社会庆典之中。社会仪式与社会庆典是每个社会所共有的社会活动，它反映并体现着这个社会的时代特色与时代精神，是时代文化精神的具体表象。在前工业社会里，社会仪式成为社会生活的需要，是社会物质生活的一部分，因而服务于社会物质生活，是对社会物质生活的强化。无论是"霍皮求雨"仪式还是"库拉"交换仪式大抵都是这样。工业社会里，生产力的发展、物质生活资料的极大丰富，作为一种文化现象的社会仪式其生产与生活功能逐渐弱化，而服务于特定社会文化、满足特定社会心理需求等功能越来越突出。服务型社会里的社会仪式的物质生产功能退出了自己的历史舞台，它变身成为增进社会整合、促进社会认同、体现文化多样性的一种手段，社会仪式由此变成了服务社会精神生活的一种。

作为社会结构一部分的社会庆典，在不同的社会形态中其功能也有所不同。在前服务型社会里，社会庆典从属于物质生产，属于生产主导性，而在服务型社会里，社会庆典为丰富社会生活、陶冶人们的情操提供了服务，社会庆典由此就成为服务人们精神生活的一种内容和形式。不仅如此，在前服务型社会里，社会庆典主要体现在"物质性的使用价值"上。按照经济学的看法，任何一种物品（包括社会庆典）的有用性主要体现在它的使用价值之中，它能够直接满足人们的某种需要。而在服务型社会里，这种物品即社会庆典除了具有物质性的使用价值以外，也具有精神性的使用价值，能够满足人们的心理需要，为人们的心理满足提供服务，因而它更具有"文化价值"、"符号价值"，它直接服务于人们的文化生活。正如波德里亚所言："物必须成为符号，才会被人所消费、为人所服务。"[①] 社会庆典的符号价值，是由社会庆典的策划、设计、包装、广告、仪式、程序等多种因素所体现出来的价值，它们形成了社会庆典的表象，成为人们所服务的对象。社会庆典由此形成了一种符号价值，社会庆典的符号价值取代了物质性的使用价值是服务型社会的一个侧面内容。

---

① ［法］让·波德里亚：《消费社会》，刘成富、全志钢译，南京大学出版社 2006 年版，第 2 页。

## 二、服务型社会的运行机制

"机制"本来指机器的构造及其工作原理，即机器运转过程中各个零部件之间的相互联系，互为因果的联结关系或运转方式。社会科学中，机制有三层含义：事物各组成要素的相互联系，即结构；事物在有规律性的运动中发挥的作用，即功能；发挥功能的作用过程和作用原理。相应地，社会运行机制通常是指人类社会在有规律的运动过程中，影响这种运动的各个组成因素的结构、功能及其相互联系以及这些因素发挥功能的作用过程及原理。简要地说，社会运行机制也就是社会带规律性的运行模式。

社会是一个多要素、多系统交互作用的有机体，总是处于动态的变迁过程之中。我们可以从不同的角度分析社会的特征。服务型社会就是从社会资源利用方式的角度对社会所进行的描述，此处是指以服务为核心统领整个社会的生产方式及消费方式，以及有利于完善服务的生产关系和上层建筑。服务型社会的运行机制，是服务型社会的各个组成要素、各个部分以及各个环节之间的彼此联系、相互制约、相互影响，从而推动服务型社会协调运行与发展的过程和方式。它是促进整个社会服务水平的提高，实现经济社会持续发展为目标的社会内部各种因素相互联系、相互作用的资源配置与利用方式，是社会在运行过程中具有服务效应与功能的规律性模式。

第一，社会运行以对服务的需求为动力。从社会运行的角度分析，社会运行离不开社会需要，社会需要构成了社会运行的强大动力。一方面，需要与满足两者之间具有不可分割性。任何需要，不管其程度强弱怎样，也不管其满足的可能性有多大，它都有一个要求满足的态势或趋势。需要与满足就成了推动人们参与社会各种活动的前提，也成为个人、组织、集团乃至整个社会发展的内在动力。另一方面，需要以及社会需要之所以成为社会运行动力，还在于它具有一种永不会满足的特性。因此，社会的运行必然以人的需求以及需要的满足为发展动力。从动力主体来看，社会的动力主体包括个人、群体以及社会三个层面，服务型社会中，服务贯穿于这三个动力主体之中。

服务型社会是以人的需求为动力，而且是以人对服务的需求为动力的。人类对服务的有效需求不仅包括服务种类、服务项目、服务环境等量的要求，而且还包括服务性质、服务品质以及服务水准等质的方面要求。这样的服务不仅体现着当代人的个体性需求，还体现着当代人乃至今后人类的持续性需求。人类从对物质产品的简单需求到各种服务的需求表征着人类已经走出了"物的依赖性"阶段，人类开始了由外在的物质性需求向内在的精神性需求转变，从生存性需求向发展性需求转变，从外在的客观需求向着内在的主观需求尤其是个人的心理体验等方向转变，从而体现着服务型社会存在的合理性。服务不仅成为个人的一种需要，而且成为社会群体乃至整个社会需要的可靠基础，因为只有满足了个人需求基础之上的服务才能逐步满足群体乃至社会的整体需求，反过来，如果个人的需求都无法得到满足，也就自然很难满足群体与社会的需求。

所以，在服务型社会里，服务成为社会运行的动力源泉，服务构成了人们生存与发展的内在需求，服务与整个社会的发展方向具有同向性，无论是经济、社会还是政治与文化都以服务为核心、以满足个人或群体乃至社会需求为特征，服务统领各个不同的领域，服务成为社会运行的主要内容，也是社会行动的重要方面，还是社会运行的主要手段与过程。在服务型社会发展的每一个环节中，服务都是社会发展的动力保证，失去了服务就无法满足整个社会的需求，这个社会将失去自身发展的动力。

第二，互补性整合构成了服务型社会的整合机制。社会整合是指社会利益的协调与调整，促使社会个体或社会群体结合成为社会生活共同体的过程。简言之，就是人类社会一体化过程。社会运行的整合机制主要是指影响社会整合的各种因素及其相互作用关系，它是由整合对象、整合中心、整合过程三个部分组成。

从整合对象来看，服务型社会的运行必须调整好各方面的关系，尤其要调整好各自独立的利益主体的服务需求，协调好个体之间、群体之间、地区之间、部门之间的利益关系。从整合方式来看，服务型社会着眼于协调各个主体之间的服务手段、服务方式与服务内容，弥补某个主体在这些方面的不足，注意尊重特殊性服务需求，将各个不同的服务需求主体整合为能够被各方接受的合作的利益群体。因此，服务型社会的整合将以互补性整合为主，既要看到各个主体服务需求的一致性，又要重视他们的差异性，在差异性中寻求统一性，做到求同存异、和而不同。

从整合中心来看，整合中心是指能对服务型社会个体或群体产生吸引的力量，使之凝聚为服务型社会整体的事物。一方面，服务型社会的形成不仅需要个体的参与，也需要群体的服务意识与服务能力的提高，还需要政府积极引导整个社会朝着提升自身服务能力与服务水平的方向上发展。从这个角度看，个体、群体以及政府都是服务型社会的整合中心。另一方面，服务型社会的形成核心就是服务能力与服务水平的提升，服务成为整个社会运行的内在机制与强大动力，服务水平与服务能力以及服务思维成为这个社会的整合中心。

从整合过程来看，服务型社会的运行可以采取自下而上或者自上而下的整合过程，各个行为主体要把自己的服务需求自发地整合起来形成整体性的社会需求，社会也要加强对各个主体的服务需求引导，实行自上而下与自下而上的有机结合。一方面，整个社会要自觉形成服务性的思维，以服务的标准来统领整个社会运行与社会发展，将服务贯穿到整个社会的常态运行之中，不断强化服务在社会生活中的作用，积极推动整个社会的变迁与发展。另一方面，建设服务型社会，形成良好的服务机制，让服务成为人们自觉的行动是服务型社会建设的关键。为此，服务型社会中的所有社会成员都要自觉形成服务意识，增强服务本领，提高服务能力，促进整个社会的良性运行，实现社会的良性发展。

第三，服务成为社会运行的激励机制与控制机制。社会运行的激励机制是指社会有机体系统为引导社会成员的行为方式及价值观念，按自身所设定的标准与目标将社会资源分配给符合要求的社会成员，以实现某种社会目标的过程。简单地讲，激励机制就是社会引导其成员行为方式和价值观念朝着某个方向转变的过程。在服务型社会里，人们首先把服务作为社会的激励标准，尤其注重服务质量、服务程度以及服务能力的建设，把它们当成这个社会的激励标准。其次，服务成为整个社会的激励手段，无论是企业生产还是社会服务以及文化活动，谁提供的服务优良谁就可以赢得市场份额、获取利润与实现价值；反之，谁要是无法提供优质服务甚至缺乏服务意识，那么它将被市场以及整个社会所抛弃。再次，服务成为整个社会的发展尺度，社会各个部门以及社会整体发展水平的差异与高低，其衡量标准不在于其他，而在于是否将服务贯穿于其中，是否体现着服务的价值与目标。

从社会控制的角度看，作为一种社会控制，它主要运用各种方式，调动各种社会力量，促使社会个体或群体有效地遵从社会规范，维持社会秩序，促进社会运行目标的实现。社会运行控制机制则是指达到这一目标的原理。在服务型社会里，服务可以成为一种控制手段与控制方式，可以控制社会成员的经济社会行动，控制社会群体的行为取向，服务同样可以控制整个经济社会的运行。例如，现代城市的发展以及城市地位的提升越来越看重这个城市的服务能力与服务水平，它们构成了制约或推动城市发展规模、提升或阻碍城市形象的重要方面。一个城市之所以会广泛地得到人们的认同，在于这个城市的制度设计、经济发展、社会进步等诸多方面所体现出来的特质。中心城市之所以具有聚集资源的能力，就在于中心城市具有较强的服务能力，能够对周边城市产生辐射效应与磁场效应。中心城市之所以能成为中心，也就在于它的服务功能相对强大，在于它的服务标准与其他地区的差别，从这个角度看，服务已经成为社会控制的一种手段与方式。

### 三、服务型社会的运行方式

服务型社会运行主要体现着如下四种基本运行方式。

第一，服务型社会是对以往社会运行的继承。服务型社会虽然以服务为核心统领经济社会生活的各个方面，然而，这种服务的全面性以及整体性实质上是对以往社会服务特性的继承，也是对以往服务供给方式的继承，因而是对过去社会生产方式、生活方式以及运行方式的继承。服务型社会所形成的运行方式在很大程度上继承了工业社会以及前工业社会的运行方式，比如重视产品的制造品质、重视关系到社会稳定基础的农业的生产以及适度的社会控制等，并且把这些方面吸收到服务体系中来，使之成为服务的一部分，把服务当成整个社会运行的动力系统。

但是，一方面，这种继承关系本身不存在明显的价值取向，也不完全涉及真假判断等问题，它是人类社会发展的自然选择的结果。以农业生产、工业制造的方式运行社会与以服务的方式运行社会并不存在着好坏优劣问题，它们仅仅是不同社会类型的一种社会运行方式而已，都表征着特定时代下某种类型的社会所形成的独特运作逻辑与运行特点。另一方面，服务型社会吸取了前服务型社会的某些服务要素与服务特性，是对以往社会运行方式尤其是服务方式的继承。从某种程度上讲，今天的社会之所以形成了如此灿烂的文化，就是由于继承了数千年以至数万年的历史成果，尤其继承了以往社会的运行方式。当然，继承关系是没有价值取向的，即所继承的不一定都是好的东西。历史上的一些糟粕现象，例如，不平等的服务，特别是下级对上级无条件的服务、服从乃至盲从也常常被后来的社会系统或某些子系统所继承。

第二，服务型社会对以往社会的变异，展示出服务型社会具有与以往社会不同的运行方式。这种变异主要体现在社会的纵向运行方面。服务型社会虽然继承了过去的某些传统，吸收了以往社会运行的合理因素，但它不是一成不变、原封不动地照搬过去社会的运行方式，而是随时修改、调整、补充以往社会运行所形成的历史与文化，修改与补充以往社会所形成的服务方式。

一方面，服务型社会的服务是一种全面性、复杂性的服务，因而是对以往社会中的单一性、片面性服务的变异。服务型社会中的服务比以往任何一种社会类型的服务更加复杂、更加全面，服务渗透到这种社会生活的各个方面，服务贯穿这种社会类型的所有领域之中，使得整个社会的服务类型更加复杂多样，整个社会的服务方式层出不穷，整个社会的服务范围不断扩展。另一方面，服务型社会中的服务贯穿于这个社会的一切方面，具有全程性、整体性特征。社会中的任何一种领域、任何一个行业自始至终都被服务所左右，服务合情合理地提前到任何产业与行业的最前端，服务合情合理地置身于任何一个产业或行业的全过程。但是在前服务型社会里，服务表现为后置性特性，它主要体现在产业或行业最后的一道工序，成为生产品、制造物的附属物及装饰品。因此，如果说"酒香不怕巷子深"是前服务型社会的真实写照，那么，"服务决定成败"则是服务型社会的理性选择与必然要求。

从这个角度看，服务型社会里的服务不是仅仅在原有社会类型上发生微小的变化，而是对现存的其他社会类型所发生的根本性变革与创新，它体现着人类思维方式的创新。当然，无论怎样的变革与创新，它都不可能是"无源之水"，我们总可以从原来的社会类型中找到它的影子。

第三，服务型社会运行的激励。社会运行激励是指"社会有机系统为引导社会成员的行为方式和价值观念，按设定的标准和程序将社会资源分配给社会成员或社会群体，以实现其认同的社会目标的作用原理和作用过程"[①]。从激励标准来看，服务型社会以服务意识的形成、服务供给的优劣、服务提供的全面等对社会成员进行激励。从激励手段来看，服务型社会一般采取功能性以及文化性两种激励手段来促进整

---

① 郑杭生：《社会学概论新修》，中国人民大学出版社 2003 年版，第 276 页。

个社会服务型价值观的形成与彰显。就前者而言，在服务型
社会里，谁能提供服务、谁能提供具有独特性的服务谁就能
够得到社会的认同。就后者而言，服务在这个社会里已经成
为一种文化与价值观念乃至生活方式，服务浸透到人们的日
常生活之中。

第四，服务型社会是对以往社会类型的中断。服务型
社会在运行过程中并不是一味简单地继承甚至复制以往社
会类型中的服务元素以至其服务类型、服务形式以及服务
方式，而是有选择性地继承、借用和变革以往的服务概念
以及服务内容，不断变革前服务型社会的某些方面，这就
使得服务型社会显示出对以往社会类型中断的特征。前服
务型社会中的低端服务要被服务型社会中的中高端服务所
取代，前服务型社会中的零星服务要被现在社会中的全面
服务所代替，前服务型社会中不合理的服务形式要被现在
社会中更为合理的服务形式所取代。前服务型社会中仅有
服务业的服务被服务型社会中所有经济运行都内涵着服务
的要素与形式所取代。这样，服务型社会就形成了对以往
社会类型的中断，这种中断就表现为对其他社会类型的
超越。

总之，无论是继承还是变异以至于中断，服务型社会作
为整个社会历史所出现的一个环节，作为新社会类型所内涵
的固有属性，它既与以往社会类型相互联系、交互影响、交
互作用，又是对以往社会发展动因的重建，服务型社会具有
其独特的、不同以往的运行方式。

# 第三节　以服务的方式运行政治

政治是经济与社会的集中反映，一定的政治总要与特定的经济发展状况相适应，同时，也要服务于特定的社会结构以及社会关系，某种社会形态的产生客观上要求形成与之相适应的政治生活，并在此基础上形成特定的政治结构，产生特定的政治运行方式，形成特定的政治运行机制。为此，我们应当探讨一下服务型社会的政治运行机制及其运作方式，以此来进一步论证服务型社会在政治生活方面所形成的独特价值。

一般认为，中国内地学术界施九青是较早使用了"政治运行机制"这个概念的。他在 1993 年出版的《当代中国政治运行机制》一书中认为，政治运行机制是"政治主体的权力配置及其运行过程"[①]。这里的"政治主体"是指政治权力属于谁、由谁来行使政治权力。"权力配置"是指政治权力如何分配，是采取集权型方式进行配置还是采取分权型抑或采取适当集权分权型等方式进行配置。而政治权力的运行过程"则是指政治主体活动的发端、推进及实现过程"。下面，本书就借用这三个维度来探讨服务型社会的政治运行机制问题。

## 一、服务型社会的政治主体

"主体"最早是个哲学范畴，主要强调人与对象之间的关

---

① 施九青：《当代中国政治运行机制》，山东人民出版社 1993 年版，第 4 页。

系，它与"客体"这个概念相对。主体指具有某种行为能力的人及其群体，而客体则是指主体的对象。客体的对象及其范围很大，主体的对象甚至包括人本身都可以成为客体。因此，在社会科学领域，主体就是指在某一具体的社会关系中处于主导地位的人或群体，相应地，把处于被支配地位的一方则称为客体。

从这个角度看，凡是能够产生某种政治行为的社会群体都是政治主体，而政治客体是指政治主体所追求、竞争、支配和争夺的对象，权力、资源、利益、地位、环境等政治要素就是客体。因此，政治主体包括两类：第一类是各种政治设置或曰政治组织，如政党、社团、带有政治色彩的或具有政治性质的经济文化组织；第二类是政治个体，它包括政治家、国家公务员、普通公民等。不同的社会形态下政治主体的特性有所不同，笔者认为，在服务型社会里政治主体具有如下三个特征：

一是能动性。政治能动性是政治主体的最显著特征。在服务型社会中，各个政治主体有着更强烈的政治参与愿望、政治参与要求，并愿意采取更积极的行动，以便希望体现出自身为民众以及为整个社会提供服务的政治能力与政治价值。为此，政治主体更有着强烈的政治环境感受能力，能够更自发、自觉地投身到政治活动当中去，努力提高自己的服务能力与服务功能，为社会提供各种社会服务。所以，政治主体的政治参与意识更强，各个党派、群体或个体更加自发、自觉地把自身当成政治的主人，努力为整个社会的政治活动提供支持，促进整个社会的政治发展。

　　二是相对性。服务型社会中政治主体与政治客体的区分是相对的，社会中的任何一个政党、组织或社团之间在为民众、为社会服务上彼此必须平等相处，共同为社会发展提供服务，无论是执政党还是非执政党、无论什么团体，都必须为社会人群提供政治服务、管理服务。在这个社会里，主体与客体、专政与被专政也逐渐转化为各个政治主体之间的服务与被服务关系。在对社会服务意义上，不存在所谓的执政党与在野党之分，无论何种政治派别或团体，谁能够更好地为民众提供服务，反映民众的意志，代表民众的利益，谁就能得到人民的拥护与支持，就有可能成为执政党。反之，如果不能很好地为民众服务，今天的执政党明天就有可能变成在野党。因此，各个党派、组织、团体乃至个人都会极力宣扬把人民的利益放在首位的政治主张，都会努力为民众提供自己的服务，以便得到选民的支持。

　　三是变动性。从历史发展的进程来看，政治主体、政治运行以及政治环境是不断发生变化的，他们的政治功能也会发生变化，这些变化也会反映到社会服务方面来。以政治统治为例，前工业社会的政治统治者主要是君主、国王、贵族和特权阶层，在欧洲中世纪，教会、骑士和僧侣又成为新的政治统治者；在工业社会及后工业社会，反映实业家利益的资产阶级逐渐成为国家与社会的主体，成为重要的政治主体，其他党派、团体乃至个体都要体现并维护资产阶级的利益或意志；在服务型社会里，政党以及其他能够代表民众利益、为民众提供相关服务的集团都是这个社会的政治主体，政治主体的统治与专政的功能有所弱化，而平等协商以及相互服务的功能不断提升，这就使得服务型社会的政治主体功能具有变动性特征。

从类型上看，服务型社会中政治主体呈现出以下三种发展趋势：

首先，政治主体不断分化。以往的政治主体主要是一些统治阶级。在前工业社会里这个阶级常常是极少数的君主、国王及其统治集团，他们对广大的被统治阶级进行经济、政治以及社会等各个方面的管理、控制及镇压，因此，前工业社会的政治主体比较单一。工业革命以及工业社会的兴起改变了整个社会的格局，工业社会的政治主体内部发生了分化，一部分统治者从原来的王权控制转变为经济控制与政治控制，这就促使政治主体不断发生分化，原有的统治阶级或者有所改变自身的镇压职能，通过对经济的控制去控制政治与社会，或者沦为利益集团，新兴产业阶级借助于自身的经济实力逐渐转变为统治阶级也逐渐成为这个社会的政治主体，于是，在其内部就分化为以政治为主以及以经济为主的两大主体，这个社会归根到底还是以经济决定政治主体的地位。

而到了服务型社会里，政治主体不再成为少数特权者的专利，不再只是某个阶级或集团，也不再是对社会生活的某个领域进行的控制。政治主体日益分化，各个党派、各个团体、各类组织都成为整个社会的政治主体，都在为整个社会提供自己的服务，展现自身的存在价值。从政治个体来看，除了国家机关和政府官员以外，普通民众同样也可以成为政治主体。他们发挥自身的功能为特定的群体所服务，为整个社会提供自己的服务。政治主体种类繁多、类型丰富，所提供的服务形式多样。他们不再简单地划分为统治与被统治、控制与反控制这两种相互对立的类型。

其次，功能性政治主体日益增多。各种不同类型的政治主体的产生是社会发展的产物，政治主体的政治地位主要体现在政治主体的性质、目的以及功能等方面。在服务型社会里，政治主体的政治地位主要以其目的与功能来加以衡量，从而使得功能性政治主体不断涌现，这在以往的社会形态中非常罕见。所谓功能性政治主体就是指政治主体的设置、政治主体的运行以及政治主体的目标主要以能否完成某项任务、为特定对象提供何种服务、对社会发展有何作用等为主要依据。而在漫长的前服务型社会里，政治主体的控制性、权威性以及功利性特征比较明显，政治主体的范围较为狭窄，各个政治主体之间的利益比较一致，都是出于管制社会，都是为了巩固和实现本阶级的统治，各类政治主体的出现也都是为了维护阶级统治的需要，因而它们是功能一体的。

在服务型社会里，政治主体的功能呈现出多样化倾向。一方面，政治主体种类繁多，它们都为了实现自己的目的而可以自行设置各类政治组织，形成各种不同的主体：有的组织为了气候变化、环境保护，着眼于人与自然的和谐；有的组织侧重于对弱势群体的关怀，如对老人、妇女、儿童以及残疾人的关怀；有的组织侧重于经济发展的公正，强调城乡与地区之间的协调发展；还有的组织注重公民权利的维护以及民主选取权利的贯彻与落实；也有的组织注重公民社会的治理等，不管怎样，这些政治主体都在为社会发展的某一方面作贡献，都在从各自的角度增进社会的和谐，实现某种社会功能。因此，服务型社会里大多数政治主体都是功能性的。

再次，各个政治主体之间的地位日渐平等。服务型社会把服务作为检验社会发展的尺度，作为体现社会发展的核心价值，因而能够促进各种政治主体之间的平等。一方面，各个党派、组织、团体之间都把服务本党派、组织及团体成员作为自己的重要任务，以便巩固本党派或团体的政治地位。为此，这些党派或团体就会设法吸收其他党派或团体的优势，突出本党派或团体的政治主张及利益诉求，即使那些取得统治地位的政党也会虚心吸取其他党派或团体的意见及做法，以便维护本政党的政治统治。这样，各个党派、各政治组织以及其他团体之间在政治上就越来越表现为一种平等关系而不是管制或压迫关系，真正做到肝胆相照、荣辱与共、平等相处，以服务为标准、以服务为价值理念把各个党派、组织或团体的诉求紧紧地联系在一起。另一方面，服务型社会里各政治个体，包括政治家、公务员以及普通公民之间的政治地位也具有平等性。在这个社会里，无论是政治家还是国家公务员，都是为了更好地贯彻政党或政府的政治主张，更好地为选民服务，更大程度上得到选民的拥护与支持，争取选民的选票，而这又必须以平等地对待其他政治个体乃至普通民众为前提，以真心为选民提供优质的社会服务为前提，离开了为选民服务是不可能得到选民的衷心拥护与真正支持的。因此，服务型社会中，每一个政治个体在为民众、为社会服务问题上同样都会尊重其他政治个体的服务建议，而不会去打击或压制其他政治个体，都会把服务选民作为自己的重要任务。服务由此贯穿到整个社会政治生活的全过程，服务也由此贯穿到各个政治主体以及党派之中，成为各个政治团体的契合点、共同点。

## 二、服务型社会的权力配置

权力配置是政治生活的重要方面，政治主体地位的确立、政治生活的开展、政治权力的运行离不开权力配置，并以权力配置为前提。不同的社会有不同的政治权力配置方式，形成不同的政治权力配置结构。

所谓"权力配置"，是指政治权力在政治主体之间如何分配的问题。不同的社会形态有着不同的权力配置方式，从理论上讲，权力配置可以分为三种类型：一是集权型，就是权力专门集中于某个权力主体，或某个权力主体层次，如权力集中于执政党手中，甚至集中于执政党的领袖手中；二是适当分权型，就是核心权力集中于执政党及其领袖手中，而非核心权力加以分散，以便给其他权力主体分享部分权力，从而减少其他权力主体的不满，缓解各个权力主体之间的矛盾；三是分权型，就是权力分散在各个权力主体或各个权力主体的各个层次之中，甚至多个权力主体鼎立、相互制衡。

在前工业社会里主要以集权型为主，整个国家的权力集中在皇帝、国王、君主或大公手中，强调这些人代表上帝统治人间，他们"能行天道，事天审谛"，因此，他们集各种权力于一身，君临天下进行统治，即所谓的"普天之下，莫非王土；率土之滨，莫非王臣"就是这个意思。不仅如此，统治者们还从立法、行政、司法等各方面加以落实，进一步加强集权，皇帝"口含天宪"、"金口玉言"、"口出圣旨"，认为皇帝"命为'制'，令为'诏'"。这里所说的"制"和"诏"就是政权制定法律的基础。国家的行政同样也以皇帝或国王为中心，在他们周围不存在任何平行的或者相互提供服务的多元机构和分权机制，也不存在真正能够监督、约束、压制皇帝的法律制度和权力主体，这样的权力配置中没有任何的服务可言。

以皇帝或国王为核心的统治者掌握了整个国家的政治权力之后，他们就开始根据自己的偏好，如亲属关系的远近、战功的大小乃至个人特殊的爱好以及一时的热情等因素对自身所掌控的权力进行配置。在这里，不可能存在市场的机制配置权力，也不可能存在民主的机制分配权力，而完全根据统治者个人的偏好以及统治者的需要，根据等级制度进行权力的配置，权力一旦配置好了之后，各个阶层的权力主体只需要对上级以及对最高的权力拥有者服务。因此，在前工业社会里，国家的昌盛、政治统治的昌明主要依赖于统治者自身的素质与能力。

工业社会以及后工业社会的权力配置从本质上讲仍然属于集权型，只不过这种集权型中不断产生出分权的影子，体现出分权的路径。首先，工业社会里由选举产生主席或总统，实行行政、立法、司法三权分立。但是这种分立不是一种均等化的分立，不是以为社会更好地提供服务为宗旨，也不是一种平等式的权力分立与权力制约，而是以行政为核心统摄立法及司法的分权，在这种体制下，司法与立法本质上仍然要服务于行政。因此，在工业国家里，总统或首相的权力在实际配置过程中往往大于立法和司法，总统可以举行全民公决，决定战争与媾和，总统甚至可以采取紧急措施宣布国家处于戒严状态等，而这些都可以不需要与立法及司法等部门进行平等的协商。这表明，工业社会中政治权力的配置本质上仍然以集权为主，分权服务于集权，分权从属于集权，分权只是为了更好地实现集权。当然，与前工业社会不同，政府及社会一般都会采取多种手段或措施对总统或首相的权力加以有效的制约，提倡政府的服务职能，防止权力的过度集中与过分滥用。工业社会中权力的配置实质上采取了集权为主导、集权与分权相统一的权力配置方式。

就地方政府而言，地方政府的首脑能够有效地对本地区各种行政资源和行政权力加以配置。而地方政府首脑往往处于权力配置的中心，成为权力配置的既得利益者。他们所谓的分权自然也就是建立在集权基础之上的分权，没有集权就谈不上分权，分权是为了更好地进行集权。即使在企业领域，工业社会中也是更多地采取科层制方式进行管理、统治和权力配置，并把这种方式推广到政治领域。在这种权力配置下，它以正式规则为管理主体，具有职权分工和职位等级体系的权力配置方式。它要求各个层级的人员遵守本层级的规则和纪律，各个主体的职务和职位按等级系列进行安排，形成责权分明、层层控制的等级系统。与前工业社会所不同的是：工业社会中各个层级的人员通过正式考试和教育训练而不是上级官员的喜好实行任用，工业社会中权力的配置与集中更多地依靠理性而不是前工业社会中的感性。

服务型社会里，权力的配置往往采取分权的方式进行，或者说以分权为主并兼顾到集权，原因就在于这种权力配置方式能够更好地为各自的选民、各自的党派、组织及团体提供服务，分权体现着平等，分权是服务理念在政治权力中的反应与体现。其时权力的配置不是以等级制度为主，不是以市场机制采取"用脚投票"方式为主，而是以服务能力、服务本领、服务水平、服务范围为主，任何一个党派、团体或组织，谁能够更好地为社会、为民众提供服务，谁有能力把整个社会服务好，权力就会向他倾斜，他就能够拥有更多的权利，以便为社会提供服务；反之，如果没有服务社会、服务选民的能力与本领，自身的权力会越来越萎缩，乃至丧失。所以，今天各种新的政党、新的组织、新的管理技术以及新的哲学社会思潮风起云涌，其矛头都指向以往社会的权力配置方式。

在服务型社会里，很多国家出现了由分散的小党组成的联合政府，即使实行一党制的国家也高度重视多党合作。一些国家或地区成立规模比较小的各式党派，如价值党，它要求扩大地方区域政府中的职权和规模；一些社区也要求享有

"居民区权力"，其他类型的党派或团体如美国的"美化和改善环境居民小组"、"重建百老汇大街小组"、"居民防火组织"以及其他各式各样的"志愿组织"等，都反映着传统集权配置方式的失灵以及服务理念作用下的分权主义兴起。

即使在企业内部的权力配置，分权也习以为常。企业不再追求人数及规模的扩大，而是着眼于做好某一方面的事情，为某个工作环节提供服务。曾任柯达公司总裁的雷内克曾经说过："过去我们的机构臃肿庞大，唯一能使我们发挥协调作用的办法就是缩小机构。"于是，柯达将公司改组为1000个不同的"利润中心"①，各个中心或单位有权负责自己的业务，其目的就是减轻雷内克总裁的决策性工作的负担。分散权力的活动在今天的社会里已经随处可见、比比皆是。这就意味着，服务型社会里，一切反集权、重分权的趋势已经形成，这集中体现在政治权力分配、公司内部权力调整、政府机关等领域②。

### 三、服务型社会的权力运行

权力运行是指权力主体为实现特定目的而运用和行使权力的过程，是政治权力主体行使政治权力的过程，是从政治权力主体发出政治权力影响力直到收到一定效果的过程，是政治权力主体对政治权力客体施加影响、发挥作用的过程，它体现着政治权力主体的意志与愿望。

---

① 参见［美］阿尔温·托夫勒《第三次浪潮》，三联书店1984年版，第351—352页。
② 同上书，第354页。

　　一般地，政治权力运行包括政治决策、政治执行、政治监督、政治参与四个环节。在前工业社会，各级统治者直接负责整个政治运行，统治者依托决策部门直接进行政治决策，然后向有关部门发布要求下层统治者执行政治决策，各级统治者基于利益上的一致性而使得政治决策与政治执行具有高度同质性。在这样的背景下，政治执行以及政治监督纯粹是统治阶级内部的事情，都是为了更好地贯彻上一级统治者的意志，也就是为了维护统治阶级的利益、意志及愿望。在此种情况中，政治决策与政治执行更多地包含着政治统治，包含着对非统治阶级的控制，政治监督实际上是上一级统治者为了更好地进行自己的统治而设置的政治运行程序，而这样的政治监督根本上讲不是为了人民大众所服务，它也更没有或缺乏服务性。例如，中国唐朝的中央决策机构就是"中书省和门下省"，执行机构就是"尚书省"和"九寺五监"，监察机构就是"御史台"，而内廷机构则包括"秘书省、殿中省和内侍省"①。这四类机构直接由皇帝统辖，只为皇帝一人提供服务，而不会为整个社会服务，至于明朝的东厂和西厂就更不用说了。

　　工业社会扬弃了前工业社会政治权力运行四个环节中的某些方面。在工业社会里，政治决策虽然也是为统治者所服务，为特定的统治阶级所服务，但是政治决策必须兼顾到不同组织、集团的利益与政治诉求。统治者的政治执行也不是

---

　　①　参见呼延岗《论中国封建专制政治制度下的政治运行机制》，《人文杂志》1995 年第 6 期。

自上而下的命令而要兼顾到各个利益集团的意见，政治决策与政治执行要依靠选民的投票。因此，统治阶级会利用各种工具如新闻媒体等工具进行政策宣传，强调政治决策与政治执行代表着全民的意志，为广大民众所服务，以便使政治决策得到选民的认同，减轻政治执行的阻力。工业社会的政治监督不完全是统治阶级内部不同党派的内部监督以及内部争斗，其他团体或政治组织对统治阶级也可以进行有效的监督，工业社会也会把公检法系统努力树立成全民的机构，以便进行政治监督。在政治参与方面，工业社会已经注意到民众是政治参与的主体，政治权力运行必须广泛地动员民众参与进来，以民众为核心，让民众充分地表达自己的意愿，以便减少政治权力运行阻力，实现政治权力运行目标。例如，20 世纪50—60 年代兴起的美国人权运动以及随后的反战运动就把美国民众极大地调动和组织起来，进行广泛的政治参与，试图影响美国政府的政治决策与政治执行。在此影响下，其他处于不利地位的社会群体也纷纷组织起来，开展政治活动，进行政治参与，采取相应行动去影响政府的政治运行，典型的案例就是消费者集团的政治参与推动了美国"消费者保护署"的建立①。

　　由于服务型社会里服务是社会发展的核心与动力要素，因此，服务型社会的政治决策、政治运行乃至政策执行等都会以把选民乃至整个民众的利益、愿望与要求放到首位为目

---

① 参见谭融《美国公共利益集团政治评析》,《外交学院学报》2002 年第 2 期。

标，强调以民为本，强调政治决策与执行不是为了贯彻统治阶级的意志，不是为了控制民众，政治运行、政治决策与政治执行的目的更多的是为民众提供政治参与的机会，为民众提供参与国家与社会管理的机会，从而最大限度地满足民众的需求，也就是更好地为选民提供服务。此时阶级的对立以及阶级对抗已经成为次要矛盾。社会各个阶层、各个集团以及各个组织要共同为整个社会的政治运行提供服务，政治决策与执行理念从原来的管理与控制变成了服务，政治决策与执行的阶级功能不断弱化，而为社会各个阶层、各个团体提供服务的功能则不断得到强化。为此，服务型社会就要不断加强政治监督，监督政治决策与执行机构及其相关部门有没有切实为民众提供政治服务以及提供服务的程度怎样，并由此引导民众进行广泛的政治参与。

从不同类型政治主体活动的角度看，服务型社会中的政治运行虽然仍然可以分为政党运行、国家政权运行、政治社团运行，这些政党、社团的政治倾向以及价值观虽然亦有所不同，但是他们都恪守一个最基本的准则，那就是千方百计切实为实现自己的成员提供政治决策、政治执行以及政治监督等方面的服务，最大限度地引导民众参与到本组织或团体当中来。因此，服务型社会的政党或组织的政治运行功能发生了观念上的变化，他们必须不再强调政治组织或团体之间的差异性、对立性，而要越来越注重政治运行对于整个社会的服务性。

从政治主体内部各个不同层面来看，服务型社会里同样存在着中央的政治运行、地方的政治运行、基层单位的政治运行、公民个人的政治运行等，也会产生如政治活动家、国家公务员、普通公民等各个政治主体。与前服务型社会不同，服务型社会中中央与地方以及基层单位之间将不断淡化上对下的控制以及下对上的服从关系，不断强化相互之间的服务关系。中央政治运行主体所思考的是如何为地方乃至基层单位政治运行主体提供服务，如何促进地方政治运行主体的发展；反过来，地方政治运行主体也会进行着眼于如何为选民以及中央政府提供服务，以便维护中央政治运行主体的顺畅活动。于是，各个政治主体之间的政治权力处于相互借鉴、相互吸收、相互补充状态，少数服从多数、多数尊重少数的真正的民主原则真正得到彰显。服务型社会中的各个政治运行个体，如政治家不再给人以一种纯粹是为了实现自身政治目的与手段这样一种印象，而是把为民众服务作为自身的存在根基，作为自身的政治运行方向以及运行目的，政治家通过为选民提供各种完备的服务活动而实现自己的政治理想与政治抱负，从而体现着服务型社会的政治运行逻辑。

# 第五章 · 服务型社会对工业社会的超越

从农业社会向工业社会的变迁是人类社会进步的表现。以机器大生产为标志的工业社会为人们提供了大量物质产品，满足着人们的各种需要。科林·克拉克在他的《经济发展的条件》一文中，将经济按照不同的产业部门分为农业、制造业或工业以及服务业。在他看来，任何经济都是各个门类占据不同比例的混合体。因此，我们有必要探讨一下服务型社会对于工业社会以及后工业社会的超越，分析服务作为一种生产方式在工业社会、后工业社会以及服务型社会中的独特价值。

# 第一节 工业社会中的服务

与传统农业社会相比，工业社会在政治、经济、社会以及文化等方面的变化，正是以机器大生产为标志的社会生产力发展的结果，研究工业社会中的服务问题、运作机制问题就必须从生产力与生产关系的角度进行分析。

## 一、服务维度缺失的工业社会类型

雷蒙德·阿伦把工业社会理解为"技术社会、科学社会或者合理化社会"[①]，在这样的社会里服务日益发挥作用。当然，西方学术界对于这个概念存在着较大的分歧。马克思认为，工业社会最显著的特点是资本积累，是资本家对工人的

---

① ［法］雷蒙德·阿伦：《工业社会十八讲》，伦敦，1967年版，第235页。

剥削与压制，按我们今天的话讲，是工人对资本家的服务，资本家为社会提供的服务更多的是为了获取高额利润。马克思的这些思想是根据生产力与生产关系的矛盾运动而展开的，后来的许多西方学者大多是根据这一论点来持续展开对工业社会论述的。

从产业结构角度看，丹尼尔·贝尔根据产业结构的不同，将人类社会划分为"前工业社会"、"工业社会"以及"后工业社会"三种社会类型①。在他看来，工业社会是以生产商品和从事机器制造业为主的社会，科学技术是推动工业社会发展的主要动力。贝尔的观点是工业社会中的服务主要存在于服务业。总体上看，西方学者更多的是从产业类型、生产力发展特性以及社会整合状况等角度去描述工业社会形态，很少从服务的角度去分析工业社会，特别是把服务作为工业社会发展的标准与动因来对待更是少见论述，甚至可以说没有专门的论述。为了说明、阐明、证明服务在工业社会中的缺失，我们不妨例证一下工业社会中关于对社会形态定位描述的几个代表性观点：

一是圣西门的"技术社会"。圣西门是从工业社会与军事社会的对比角度描述工业社会的，他认为工业社会是与军事社会相对应的概念。在军事社会里，社会是围绕掠夺、浪费与炫耀而组织起来的，权威而不是服务是军事社会的主要特点，人与人之间的关系主要体现在人们对权威的服从上；而

---

① 〔美〕丹尼尔·贝尔：《后工业社会的来临》，商务印书馆1984年版，第130页。

工业社会则主要是围绕商品的生产和加工而展开运行的，服务围绕着工业产品而显示着附属性的地位。圣西门认为，一个工业社会主要包括四个方面：社会组织的目的是生产；组织方法是秩序、肯定和精确；社会组织的主体是工程师、实业家和计划家；社会组织的基础是经验知识。

他坚持认为，工业社会是一个计划和合理秩序的制度，它以系统的方式把技术知识应用于社会事务。因此，掌握着技术知识的人将在社会中行使主要的权威，技术在社会中处于统治地位。此外，圣西门认为，工业社会中社会的管理主要是对事的管理而不再是对人的管理。人们之间的服从关系不再是处于对权力的服从而是出于对掌握技能的人的服从，因此这样的社会中也存在着零星的服务。

二是涂尔干的"有机团结"社会。涂尔干认为，工业社会是一个专业化的社会，社会的主导原则是结构性分化。由于社会交往的扩大以及社会分工的形成，个人的独立性日益增强，因此，社会也由原来的机械团结向有机团结转变。所以他说，如果说集体意识是机械团结型社会的精神基础，那么，分工则是现代高度发达社会的重要特征与标志，也就成了有机团结社会的物质基础。而服务以及服务业在分工基础上亦有一定程度的存在并形成的一种形式。这意味着，在传统社会里的社会分工，服务及服务业已经逐渐趋成并逐渐发挥作用，只不过那时候的服务及服务业很不发达，服务的意识没有独立出来，服务的作用没有被人们所认识，集体意识占据主导地位，由此规制着人们的经济社会行动，只有到了现代社会，随着思想解放运动的不断兴起，人们逐渐认识到"我是人"、"我就是我自己"、"我是凡人，我应当追求凡人的生活"，人们甚至喊出"上帝已经死了"。

因此，在涂尔干看来，有机团结是建立在社会分工和个人异质性基础上的一种社会整合方式，它强调尊重差异性，其标志是社会分工越来越精细化，以服务为核心的合作性法律的出现及其在日常生活中的广泛应用。他认为，有机团结型社会是随着社会分工发展而出现的，分工导致了职业的专业化、专门化以及标准化，社会上的每个人都因职业的不同而发挥着独特的能力。这就意味着每个人都无法代替其他人的经济社会行动。所以，在这样的社会里，分工也就产生了相互依赖、相互协作，从而不断地出现服务。

那么，究竟是什么力量导致了社会分工？涂尔干认为，大致可以包括以下几个方面：一是人口的增加，这是产生社会分工的最根本因素，因为人口的增加直接导致了生存危机，为此，只有不断地进行社会分工，才能把每个人安排得井井有条；二是科学的普世化，使得普通的群体都可以运用科学技术成果为自己的生活所服务；三是老年人的权威开始下降，强调平等、尊重科学技术与现代生产知识、促进人与人之间的平等理念、服务思想不断涌现。所有这些，必然导致社会发展转型与变迁。所以，他说，分工是社会因素造成的，反过来，分工又能促进社会的发展。但是在涂尔干的视野里，导致工业社会的分工肯定不在于服务，他认为服务作为一种生产力在这里还处于朦胧状态之中，还不具有现实的影子。

三是科林·克拉克以三次产业为划分依据来定义工业社会[①]。在他看来，根据劳动力在产业中的分配比例，可以很明显地将社会产业分为第一产业即采掘业、种植业、林业和农业，第二产业即制造业，第三产业即服务业三大部门。每一个产业部门在一个社会内的权数将是每一个部门生产率程度的函数。按照这一标准，工业社会就是指劳动力从农业部门向制造业部门的转移，并且转移的速度和比例都比较大，以至于整个社会从事制造业的劳动力占整个劳动力的绝对多数。随着经济的发展，人均国民收入水平的提高，劳动者首先由第一产业向第二产业移动。当人均国民收入进一步提高时，劳动力向第三产业移动。我们可以想象和预见，在产业转移的过程中，服务必将越来越多，这是工业社会产生和发展的前提条件与必然结果。因此，在克拉克看来，服务只是推动工业社会发展的润滑剂，良好的服务有助于工业产品的制造，有助于生产力的提高。但是，工业社会中的服务本身还不具备独立生产力的特征。

四是马克斯·韦伯的"理性化"社会。在韦伯看来，工业社会是一个理性化和普遍性的社会，服务已经成为社会的一个方面。首先，在这种社会里，单一的道德和风格开始遍及整个社会，整个社会的道德标准是非人格化的指标，社会主要强调表现与成就，效率及标准，整个社会的一切行为甚至包括服务都打上了效率的烙印。社会生产的主要指标是以

---

[①]　科林·克拉克：《经济进步的条件》，伦敦，1957年版，第147—150页。

最低成本为基础获得最大的收益。其次，韦伯认为工业社会万能的钥匙是理性化，通过法律、经济、会计、技术和整个生活态度来扩大一种职能效率和权衡精神，不但对物质资源而且对整个社会生活的一种"精打细算"的态度，即最大效率、最优化、最低成本①。在韦伯看来，工业社会中核心的管理体制是官僚化体制，因为理性化的发展，行政管理就必须随之加强，所有社会体制的全盘官僚科层化就无法逃避了："未来属于官僚科层化，任何地方一旦由有训练的现代官员来治理的话，他们的权力实际上就无法摧毁了，因为最基本的生活供应的整个组织是适应于他们的活动的。"②

韦伯认为，官僚科层化组织是工业社会的主要管理运行体制，在这样的社会管理体制下，每个人都是自由的，个人仅仅在工作中按照职务等级制度形成一种职位上的服从关系，各个不同的职务都有严格的制度制约，从而使得整个社会通过法律去进行社会控制与社会管理，每个人都根据契约完成工作任务及工作目标，个人的职务则要受到规则的制约，社会则根据个人的专业技术资格进行任命，每个人都能看清自己的前程。正因为如此，韦伯敏锐地发现了以理性化为基础的工业社会必然会产生官僚制度，进而陷入一种理性化的"牢笼"之中。

五是丹尼尔·贝尔的"技术规范"社会。贝尔认为，工业社会是"经济化的社会"，其"活动以职能效率原则为中

---

① ［德］马克斯·韦伯：《经济通史》，伦敦，第30章，第354页。
② ［德］马克斯·韦伯：《政治论文集》，慕尼黑，1921年版，第149—150页。

心，它迫切需要的是以少求多，并选择更加理性化行动途径"。他指出，"社会的轨迹是工业企业，社会的轴心是按机器生产组织劳动力而产生的社会阶层，因此，在工业社会，技术在各处都是一样的，技术和工程知识是一样的，职业技术的分类大体上也是一样的。"① 在他看来，工业社会主要的社会阶层是拥有技术的阶层，他们在社会中占据统治地位。从社会生产的方式看，推动整个社会发展的是工程技术的不断进步。在贝尔的理论图景中，服务固然已经在整个工业社会尤其是后工业社会中发挥出重要作用，但是，贝尔还没有把服务当成一种生产力，没有把服务作为推动社会进步的动力要素，服务只是在社会生产力发展中显示出重要性而不是核心、标准。

　　总之，上述学者从不同的角度对工业社会进行了精辟的描述，归纳起来可以看出，他们都强调工业社会就是以产业结构作为划分标准，以机器制造业为主导，以大规模、集中生产为手段，以技术进步为推动力，以社会分工合作为组织原则，以官僚科层体制为管理工具，以最小成本实现最大效率和最高产出为根本目的的社会形态。在这个社会里，一切以机器为中心，以产品的大生产为中心，一切服从于机器大生产的需要，围绕着技术进步而行动，这些学者的观点实际上就是工业社会的真实写照，因而这样的社会我们可以称之为服务维度缺失的社会。

---

① ［美］丹尼尔·贝尔：《后工业社会的来临》，商务印书馆1984年版，第87页。

### 二、服务在工业社会中的特性

工业社会的发展是人类社会由低级向高级发展的必然之路。可以说"没有工业化就没有现代化"，工业化的过程本身就是现代化的实现过程，也是一个不断需要服务的过程。服务在工业社会中具有以下几个特性：

第一，从生产方式看，工业社会的服务要服从于机器大生产。随着蒸汽机的发明和应用，社会生产（主要是制造业的生产）逐步实现了从工场手工业向机器大工业的过渡。使用机器生产逐步取代工人的手工劳动，制造业规模开始扩大，集中化程度不断提高，大规模的工厂化生产取代了分散化的个体手工生产。在这种生产方式下，服务以及整个服务业要服从于制造业，成为制造业发展的催化剂与推动力，因而这样的服务不具有独立性与主体性，它仅仅是一种从属与派生的东西，从属于机器生产，从属于制成品，也正因为如此才使得整个制造业创造了巨大的社会物质财富。这正如马克思所言，工业革命所创造的生产力，"比过去一切世代创造的全部生产力还要多，还要大。自然力的征服，机器的采用，化学在工业和农业中的应用，轮船的行驶，铁路的通行，电报的使用，整个大陆的开垦，河川的通航，仿佛用法术从地下呼唤出来的大量人口，——过去哪一个世纪能够料想到有这样的生产力潜伏在社会劳动里呢？"[①] 与此同时，能

---

① 马克思：《马克思恩格斯选集》第 1 卷，人民出版社 1995 年版，第 256 页。

源也获得了前所未有的发展，能源开始替代体力，成为工业社会的显著标志。

第二，在劳动力主体性方面，工业社会出现了新的劳动群体，那就是工程技术人员以及其他以服务为主的工作人员，他们在社会生产中占有一席之地。他们不仅是大型机器的发明者、制造者和使用者，而且也能够为机器的使用提供某种完备。他们懂得工业生产的具体流程，他们更多地与机器打交道。也正如贝尔所说，"能源和机器的使用改变了劳动的性质，技术被分解为比较简单的组成部分，过去的手工业者为两种新人物所代替——工程师。"① 此外，工程技术人员以及其他服务性工作人员在工业社会中的重要性还体现在具体的工作当中：他们通过不断的科学实验能够制造出更新、更有效率的生产工具，使得社会生产力获得更大提高，也更减轻了工人的劳动强度，这显然在一定程度上解放了劳动力，从而促进了社会的不断发展。因此，这个以服务于制造，为各种生产提供服务以便减轻劳动强度，提高劳动生产效率的社会阶层在工业社会中逐渐获得了自己的地位，展示出服务能力与服务水平以及由此形成的服务阶层在工业社会中已经逐渐得到认同，成为诸多劳动力主体的一部分。

第三，在社会分工方面，服务逐渐成为社会分工的一部分，使得生产过程中越来越显示着服务的因素。机器的大规模使用使得社会分工不断细化，每个人在生产过程中只需要

① ［美］丹尼尔·贝尔：《后工业社会的来临》，商务印书馆1984年版，第142页。

为自己所负责的一部分工作提供服务与支持，而不是全部流程。这样一来，社会生产的效率就获得了很大的提高，生产过程中出现流程化，简化了工人对工作流程的熟悉程度，产生了专业化、专门化，社会为这些专门化、专业化的生产提供着相关服务，由此便产生了服务性行业，服务逐渐成为一种社会职业得到社会认同，不同的人员在不同的行业和岗位上获得了空前发展，社会专业人才获得了发展空间。这正如马克思所言："受分工制约的不同个人的共同活动产生了一种社会力量，即扩大了的生产力。因为共同活动本身不是自愿地而是自然形成的，所以这种社会力量在这些个人看来就不是他们自身的联合力量，而是某种异己的、在他们之外的强制力量。"①

第四，在社会关系方面，工业社会借助于利益式的关系，把不同的人员整合起来，打破了传统的由血缘、地缘所结成的社会关系，建立了业缘的社会关系。在这样的社会里，人口及劳动力流动不断加快。大量的人口移动使得新的社会关系与社会网络凝结而成，从而形成对社会服务的需求，推动和带动了社会服务的集聚、繁荣和服务功能的日益完善。尽管这个阶段的服务仍然是派生性的而不是根本性的，服务仍然要满足于人们的某种需要，如交往的需要、利益的需要乃至部分情感沟通的需要，但不是人的一种内在的自我需要。此外，"时间就是金钱"成为一种时尚。人们为了赢得效益，

---

① 马克思：《马克思恩格斯选集》第 1 卷，人民出版社 1995 年版，第 85 页。

非常关注时间的价值，人们的生活节奏开始不断加快，联系更加注重方便快捷和减少不必要的时间成本，时间的安排变得越来越科学。

第五，从社会治理结构看，工业社会里法治取代了人治，社会治理各个主体之间开始注重契约式治理，采纳平等式治理，并且逐渐把服务贯穿进来，法律成为社会治理的依据以及维系社会运行的基本方式。涂尔干就曾经说，法律与道德都是维系社会团结的基础。随着社会分工的产生，在他所说的有机团结也就是工业社会里，维持原有社会团结的道德与习惯法失效，代之而起的则是合作法的产生。这样，由于依据合作法进行社会治理就使得服务的平等性得到了强化。法律作为社会唯一和最高的法则，任何个人和集体都不能凌驾于法律之上。

工业社会里，人们之间的关系主要是建立在利益关系基础之上，社会交往以及社会服务更多的也是围绕着利益而展开的，因而服务总是为着特定的利益而展开，服务于特定的利益。正如马克思所说："如果有20%的利润，资本就会蠢蠢欲动；如果有50%的利润，资本就会冒险；如果有100%的利润，资本就敢于冒绞首的危险；如果有300%的利润，资本就敢于践踏人间一切法律。"① 马克思的这句话同样适合于工业社会中服务的存在。因此，设计一种维护个人利益的制度或机制就成为社会稳定运行的客观要求，而法律就是一种最好

① 马克思：《马克思恩格斯全集》第23卷，人民出版社1972年版，第829页。

的选择。法律面前人人平等的思想既反映了人们对保护自身利益的要求，也为服务的产生提供了依据，这是工业社会与前工业社会靠权威维系社会运行机制的主要区别点。前工业社会中人们之间的关系由于受传统的思想束缚，加之交往范围的狭小，决定了权威会成为维系社会稳定的一种有效方式。在工业社会中，社会流动性加强，人们交往范围的扩大，人们注重秩序，传统的权威和特权很难满足人们的需要，因此，一种新的维持社会运行的机制——法治，就成为工业社会健康运行中不可缺少的必要条件和机制，工业社会中的服务是在法治、制度安排下进行的。

在社会文化方面，工业社会中，社会的主导文化也在发生着剧烈的变化，人们的思想观念在不断更新，各种新的理念、新的思潮不断涌现，人们的竞争意识、时间意识、效率意识、市场意识不断加强。从根本上说，在前工业社会中，社会的主流文化是一种农耕文化，农耕文化的实质就是一种生产文化，生产文化更多的思想意识仅仅是为社会提供尽可能多的生存条件，该文化具有内在的封闭性，这就使得人们对新事物的接受能力以及自我观念的创造力、创新力可有可无，甚至受到了一定程度的禁锢。在这种文化体制下，社会发展缓慢，人们的观念也比较保守。这显然与工业社会中由于关注市场而推动创新氛围形成根本的差别，正是由于关注市场，争夺市场，使服务在流通环节开始受到重视。创新为了服务，服务为了市场，这样，创新文化就逐渐成为社会的主流，各种新的思想在不断地出现。在这种文化背景下，工业社会的发展活力不断拓展。

### 三、服务在工业社会中的一般体现

自第一次产业革命以来，工业社会经历了一个从产生、发展和不断深化的阶段。至今，人类社会共经历了三次工业革命①。一般来说，世界范围内的工业社会发展基本上是根据产业革命为基础的。因此，本书在划分工业社会发展阶段时，也主要从产业革命的发展角度，把人类社会的工业化进程划分为三个阶段。

工业社会首先体现在生产力的提高上，它是伴随着蒸汽机的发明和广泛应用于生产过程中出现的。18 世纪中叶，瓦特改良了蒸汽机，并将它带入到工厂的生产之中，机器生产从此取代手工劳动。随后，社会生产的各个领域掀起了一系列技术革命，极大地改变了原有的产业结构，并根本上改变了人们的生产生活方式。英国的产业革命随后传播到整个欧洲大陆，并逐渐传播到北美地区，为资本主义的发展奠定了基础，到 19 世纪中叶西方国家基本上完成了第一次产业革命。西方国家第一次产业革命的发展，不仅引起产业结构发生变化，而且也引起了政治、文化以及社会结构的变化，直接形成了资本主义社会两大对立阶级的出现。

---

① 关于人类社会产业革命的划分，有人提出人类社会进行了包括网络革命在内的四次产业革命。本书认为，产业革命的划分并没有严格的标准，网络化的产生与发展已经无法准确地划分行业，按照贝尔的定义应该算作后工业社会的范畴。本书为了行文的方便将它们统一归为第三次产业革命范畴内。

第一次产业革命的发展带来了工业社会的产生，工业社会的大规模生产导致大规模标准化生产的出现。社会产品不断丰富，商品生产与商品交换形成了新的突破，同质同类企业大量涌现，工业制成产品大量出产，生产竞争格局形成，服务成为附加的一种必须的竞争手段，但此时服务仅仅是生产与管理的附属，没有成长为决定的力量、决定的要素。

所以，毫无疑问，工业社会的服务是对农业社会的一种超越。这种超越不仅体现在经济总量、产业组织、经营方式以及社会交换等方面，而且也体现在政治结构、社会组织、文化价值观以及社会生活等方面的变化上。

首先，工业社会使人类跨入了机器生产取代了手工制造时代，极大地改变了原有的生产效能和产业组织形式，服务成为机器生产而不是手工制造的一部分，由此也提高了服务的效率。工业社会的发展使得社会经营方式也发生了巨大变化，建立在生产效率之上的市场经济逐渐成为社会交换的主导，并成为资本主义社会发展的经济动力。在市场经济条件下，供需之间通过商品或劳务的价格进行调整，服务的价值只处于机器生产的价值中不显要的位置，功能不大，这时产品功能还是首要的。

其次，工业社会的发展使得整个社会的劳动力、人口大量集中，城镇规模不断扩大，功能性要求增多。大机器、大工业发展带来的人口集中呼唤着服务业的出现。于是，对人口聚集地——城镇提出了增强服务功能的要求。随着这些"要求"的增多与提高以及各种"要求"的专业化、产业化，服务业便应运而生。至此，城镇的服务业或第三产业经营群体便逐渐成为社会不可或缺的部分，于是各种类型的服务以及服务业便在城镇普遍性地产生了。与此同时，在原有产业工人内部也分化出一个新的阶层——服务业工人；在原有产业白领队伍中同样也分化出一个新的服务业白领阶层，这也就引发了这些城镇的产业结构的调整，产生了以服务为主要内容的服务业，出现以服务为主的社会阶层，并由此引起了整个社会结构与社会关系的变化。这表明，西方工业社会的发展促进了经济增长与经济发展，促使了服务业得到了新的发展，服务成为工业社会某个行业、某个领域里的重要方面。从这个角度看，工业社会所出现的这些变化是对整个农业社会的超越，服务产业的发展更是超越农业社会相关产业的重要标志。

最后，工业革命为服务观念的培育和形成提供了理念基础。农业社会是一个以种植业为主的社会，人们的生活方式与生活态度与整个农业生产密切相关，集中体现在人们生活方式的单一化，服务意识的薄弱，人与人之间建立在血缘关系基础之上的信任关系，强调服从而不是服务。工业社会使得社会生产力获得了巨大飞跃，带来了产业类型的多样化，引起整个社会价值观的变化。此时，社会已经突破了宗教、神权等文化格局开始向无神论以及"科学第一"等观念转变，这在一定程度上激发人们平等意识的形成与强化；同时，工业社会里由于社会分工越来越细，各个社会分工主体需要建立一种平等的关系，为对方提供服务并获得服务，这也为服务的产生提供了思想基础。当然，市场经济的发展诱发了社会贫富分化的加剧，给整个社会的服务打上"物化"的烙印。

由此我们可以看出，服务不是凭空捏造的超现实的东西，它具有源远流长的文化传承。但同时我们也要清醒地认识到，工业社会中的服务只是狭义的服务元素及服务业中的服务，功能没有那么强大，没有进入纯粹的、主导性、动力性的服务阶段。

## 第二节　后工业社会中的服务

美国学者丹尼尔·贝尔等人按照产业结构的变化，将人类社会划分为前工业社会、工业社会和后工业社会等三种形态。认为前工业社会是以农业、渔业、采矿等消耗天然资源为主的社会形态，农业是社会的主导产业；工业社会是以大规模机器生产取代手工业制造为主的产业形态，经济部门主要以制造业为主，社会分工不断细化，科学技术成为支撑工业社会的强有力的工具；而后工业社会则主要是以第三产业为主导，它的产业结构、职业分布、文化价值理念等都有别于先前两种社会形态①，认为后工业社会是人类社会发展的结果，它形成有别于其他社会形态的发展逻辑。

### 一、服务在后工业社会中的重要地位

20世纪70年代美国人丹尼尔·贝尔提出了"后工业

---

① ［美］丹尼尔·贝尔：《后工业社会的来临》，商务印书馆1984年版，第18页。

社会"这个概念。现在，后工业社会的各种生产方式以及社会结构等已逐渐为人们所熟悉，后工业社会的某些生活方式也已经出现了端倪。但由于以往服务的概念还没有从某一产业，特别是没有从服务业当中作为一种社会和生产运行的标准独立出来，服务还大都与服务业的概念混为一谈，因此，在贝尔的理论及分析框架中基本还是把与服务有关的群体、行为等归结到服务业当中，但尽管如此，这并不影响我们的观点确立和分析，不影响我们从服务的角度把握后工业社会的基本特征所具有的重要理论与现实意义。当然，在我们的阐述中，对贝尔的"后工业社会"中的一些关于服务业的地位作用的概念理解我们必须按照服务作为独立的经济社会运行标准的概念来进行把握，这其中主要是指对盲从把"后工业社会"中的一些现象划归进服务业的人和事等情况而言的。

第一，从经济结构看，人们普遍的认知是，后工业社会的突出特征是经济结构表现出从商品生产经济转向了以服务流通为主体的服务型经济，产业结构表现出由制造业主导向服务业主导的转变。我们还知道，工业社会的产生和发展带来了大量的劳动力从传统的种植业、畜牧业向制造业、加工业的转移。社会分工的进一步细化以及商品交换的不断变化，也使从事制造业的劳动力发生了变化，一部分人从原有的制造业中不断分离出来而专门从事于策划、设计、管理、营销以及运输等非制造性行为。正如贝尔所说，"后工业社会第一个、最简单的特点，是大多数劳动力不再从事农业或制造业，而是从事服务业，如贸易、金融、运输、保健（医疗）、娱乐、研究、教育和管理。"[1] 但是我们不要忘记，后工业社会的服务业再发达，所谓服务业占比再大，服务业也是建立在制造业高度发展、依附在制造业基础上的，服务业不可能独立存在，这样，所谓当今社会出现了"从商品生产经济转向了以服务流通为主体的服务型经济，产业结构表现出由制造业向服务业的转变"的认知是值得推敲的。我们与这样的认知所共同的交汇点只是大家同样感受到了当今社会确实出现了一些与传统工业的工作行为不同的现象，大家也共同认为当今制造业当中出现的一些非传统制造的行为必须从工业概念中分离出来，于是，一般的观点就是把围绕着制造业当中出现的这些非制造行为统归为服务业，人们还进一步将这些围绕着制造业发展新出现的现象划分为流通服务业、现代服务业、生产性服务业，等等。尽管我们不赞同这样盲从和简单的划分和归类方法，但对制造业当中已经出现了非制造行为，并且应当把这些制造业当中出现的非制造行为从制造概念中分离出来进行观察、分析、研究的看法各方观点是一致的。而如果把贝尔等所谓的"从事服务业"的劳动力及劳动力进入的行业再按照我们的"服务"要素独立、"服务"为运行"标准"的概念来进行一个科学的理解、分配的话，那么就服务本身来讲其功能作用是显而易见的。服务贯穿于这个社会的各个产业和行业之中，各种服务业的

---

① ［美］丹尼尔·贝尔：《后工业社会的来临》，商务印书馆 1984 年版，第 23 页。

不断涌现亦是由服务所推动形成的，服务成为产业生存与发展的动因。

第二，从职业分布来看，后工业社会以服务为主要工作内容的专业技术人员成为社会的主导。工业化从一开始就产生熟练和半熟练工人，他们只需要经过若干个星期的训练，便能按照机器工作的要求进行简单操作。在工业化社会中，半熟练工人是劳动力中最大的一部分。随着办公室、教育以及管理等以服务为主要工作内容的服务性经济的发展，劳动力大军中白领工人不断增加。在后工业社会，专业和技术阶层的人数急剧扩大，他们构成了后工业社会的主体[①]。贝尔的研究发现，在后工业社会，专业和技术人员的增长率是劳动力平均增长率的两倍，专业和技术人员成为后工业社会的心脏部分，而这些人员的工作主要就是为社会提供服务，当然仍然是由于以往人们还没有把"服务"的功能独立出来理解和支持，因此，这些人员所从事的工作当时也就自然而然的被贝尔等人纳入到服务业范畴之中，贝尔也无不自豪地宣称，后工业社会里，一个国家的服务业已经占据整个国家的产业70％以上，乃至更多。现在看来，这是当年贝尔认识的一个误区。

第三，从中轴原理看，理论知识居于后工业社会的核心地位，它日益成为后工业社会进行创新的源泉以及制定社会

———————

① 具体数据见［美］丹尼尔·贝尔《后工业社会的来临》，商务印书馆1984年版，第21—22页。

政策的主要依据①。在前工业社会，人们主要从事种植业，而制造与服务居于次要地位，经验则处于整个社会知识结构的核心地位。"工业社会是生产商品、协调人与机器关系的社会"，种植和服务以及由此形成的种植业与服务业都为制造及制造业所利用，成为整个制造业的一个组成部分与有益补充。当然与前述同样原因，这些在后工业社会中从事理论知识的人员和行业在贝尔等人的笔下也被完全纳入到了服务业之中，整个后工业社会则是围绕理论知识展开的，其目的"在于进行社会管理和指导革新与变革"。在这个社会里，"理论知识与经验相比占首位，而且在是知识编纂成抽象符号的系统以后，可以同任何规律体系一样用来说明许多不同领域内的经验"②。

第四，从未来方向看，后工业社会是技术规划的社会。贝尔等人认为随着后工业社会的发展，人们逐渐对新技术的发展模式进行预测，这就使得对技术的发展进行规划和控制成为可能，技术对未来的社会发展具有重要意义，而技术规划以及技术研发等属于制定服务标准的行为，这样，服务的功能就会越来越强大，服务标准在整个社会中的重要性就会不断增强。但是，未来社会的发展也必然是一个有计划技术发展社会，"新的预测方法和探测技术的发展，有可能在经

---

① "中轴原理"是贝尔用来对不同社会制度进行区分的一种工具，在他看来，识别一个新兴的社会制度时，人们不仅要根据推断社会趋向来设法了解基本的社会变化，而且要根据成为社会制度中轴原理的某些明确特点，才能确立一种概念性图式。

② ［美］丹尼尔·贝尔：《后工业社会的来临》，商务印书馆 1984 年版，第 26 页。

济史上开辟一个崭新的阶段——有计划、有意识地推动技术变革，从而减少对经济前途的不确定性质"①。

　　诚然，技术的发展带来了生产力的飞跃，改善了人们的物质生活水平，也为服务功能的强大提供了工具性的支持。但是，"技术进步也带来了有害的副作用，增加使用价格低廉的化肥，是农业生产能力发生革命的因素之一，但流入江河的硝酸盐却是污染的最重要来源之一。用滴滴涕作为杀虫剂挽救了大量农作物，但也毁灭了野生生物和鸟类。汽车汽油发动机较之蒸汽机效率更高，但是它使空气充满烟雾。问题在于对技术发展没有加以控制，而技术倡导者却只对单方面的效果感兴趣。"② 因此，技术的发展固然很重要，可是，那种不加控制和规划的技术发展必然会带来负面效应，甚至有可能带来超出技术发展本身，甚至给人类带来巨大灾难。贝尔认为，后工业社会中，新的预测方法和计划规划技术的产生，可以在一定程度上减少技术进步所带来的负面效果。新的预测方法和计划规划技术是技术发展的结果，也是技术无限、盲从发展的规制、控制，这种对技术发展的规制、控制，事实上是人类对自然与社会的负责，说到底，就是我们这代人对自身以及整个人类可持续发展的负责，因而，这样的服务行为同样就成为一种负责任的服务行为。

---

① ［美］丹尼尔·贝尔：《后工业社会的来临》，商务印书馆 1984 年版，第 34 页。
② 同上书，第 35 页。

### 二、后工业社会以服务为主导的运作

按照生产力理论，后工业社会的出现与整个社会生产力的发展密不可分，而且后工业社会里将会产生新的生产力要素，这与马克思所说的"经济基础决定上层建筑"的理论一脉相承。工业社会的发展带来了包括经济结构、社会结构以及政治及文化结构等方面的变化，而后工业社会的发展对整个社会结构的变化影响更大。与其他社会形态一样，后工业社会一经建立就具有自己独特的运行机制，按照自己内在的运作逻辑进行着。

首先，区别于制造业、服务业的群体、实体和工作普遍性存在。服务业逐渐成长为社会主要的经济形态与产业类型。与此相对应的是，后工业社会的从业人员日益由原来传统的第三产业、服务业大规模地向服务性工作领域转移，转移的速度主要取决于不同产业以及新兴产业的生出与发展速度及进程。在社会关系方面，前工业社会中，人们主要从自然资源中获得物质生活资料，因此，社会关系体现为人与自然的竞争关系；工业社会中，机器生产取代了手工制造，工人的经验和技术变得越来越重要，社会关系也主要转变为人与机器的竞争关系；后工业社会中，服务性工作容纳的从业人员无论从人数还是从素质都居于显著地位，此时的社会关系越来越转变为服务的关系，通过服务把各个个体结合在一起，成为整个社会的一部分。因此，在后工业社会里，人们考虑的不再是纯粹的体力劳动或者对各种天然能源的占有，而更

多的是为社会提供服务。从业人员主要是以服务为主，从事服务工作的"专业人员，他们通过教育和培训把自己装备起来提供各种后工业社会日益需要的技能"①。

由于后工业社会主要根据服务和舒适程度来测算人们的生活质量。所以，后工业社会中的服务性工作在整个产业发展变化中具有极其重要的地位和作用。由工业社会向后工业社会转变过程中，服务性工作的形成大体上经历了这样的发展阶段②：

第一个阶段，机器大生产带来了产量的增加，而产量的增加就会在一定程度上引起运输和公用事业等服务性行业的扩大。同时，产品的增加也带来了商品交换的频繁以及为商品交换而进行的必要的辅助性服务业的发展，从而造成从事非制造业的蓝领劳动力的大量增加。第二个阶段，随着商业活动的进一步扩大以及城市人口规模的不断膨胀，人们对销售、金融以及保险等传统服务行业的需求也在不断增长，从事于这些行业的劳动力也在不断地增长。第三个阶段，"随着人们生活面的扩大和新的需要与爱好的发展，服务业开始得到发展。"③。第四个阶段，制造业当中分离出的非制造工作越来越多，出现了大量的从事非制造业、非服务业的群体、实体和工作，这些"群体、实体和工作"既为制造业服务也为

---

① 〔美〕丹尼尔·贝尔：《后工业社会的来临》，商务印书馆 1984 年版，第 134 页。

② 当然这种划分并不是很严格。因为任何事物的发生与发展都存在于一系列环境之中，人为地将各个阶段分裂开来的划分标准就很难成立。本书将工业社会向后工业社会的发展划分为三个阶段只是为了行文和阐述问题的方便而已。

③ 〔美〕丹尼尔·贝尔：《后工业社会的来临》，商务印书馆 1984 年版，第 136 页。

服务业服务，至此，确立了区别于制造业、服务业"从事非制造业、非服务业的群体、实体和工作"的客观存在和作用。

其次，服务使后工业社会的"公众社会"色彩亦浓。随着从事非制造业、非服务业的群体、实体和工作的大量出现、兴起以及在整个社会中日益开始居于主导地位，整个社会的服务意识、服务范畴得到进一步创新和提升。与前工业社会的"专制社会"以及工业社会的"民主与专制相结合"的社会相比，后工业社会主要是一种"公众社会"。在后工业社会里，社会阶层尤其是以服务为主要内容的专业技术人员的主体地位得到了充分肯定，人们的交往突破了原有的地缘与业缘限制，人与人之间借助于服务而整合起来，结合成同一个社区（包括虚拟社区），并形成了共同的爱好与社会价值观。正如贝尔所指出的那样：后工业社会的单位是社区而不是个人，人们通过集体的谈判来完成"社会决策"，而不是仅仅把每一个个体的自我决策集中在一起。在这种机制下，参与管理、提供服务就成了社会发展的一个基本条件，借助于服务使得人与人之间的关系得到加强。与此同时，人们对政治和社会权利的要求也得到了认可，这与后工业社会以前的社会有着根本的区别。

再次，以提供服务为主要工作内容的专业技术阶层作为一个新兴阶级，成为后工业社会的一个独立的社会结构，并成为这个社会的发展动力源泉。从社会结构来看，新阶级或阶层的出现意味着一种新的社会力量的崛起，其发展最终会引导社会向着更加高级的阶段前进。在后工业社会里，以提供服务为主要工作内容的专业技术人员越来越成为引领社会前进的"火车头"。知识在后工业社会中的地位非常明显。一方面，它是革新和技术进步的源泉，为经济社会的发展提供知识与技术上的服务；另一方面，知识的功能不断向社会各个领域扩展。此外，技术在后工业社会中的地位也非常突出，集中表现在它为工业发展提供指导性服务，技术工作人员是工业发展的总的"参谋部"，是一个不折不扣的"服务人员"。与前工业社会、工业社会不同的是，在后工业社会，主要的资源不是天然资源和机器而是科学技术人员提供着源源不断的服务。

最后，后工业社会将比以往的社会形态包含更多的"政治"成分。从理论上讲，一项社会政策的制定和实施，不仅仅是一种科学的程序，而且也与政策制定者的价值选择有关。在后工业社会中，涉及大量的资源分配问题，这就需要政策的制定者除了要根据不同的环境和需要出发，更多地要受到他们的价值选择的影响。后工业社会中政府社会服务职能的强化内在地要求进行更多的政治参与，为社会提供更多的服务，这与纯粹的市场社会明显不同。在市场经济条件下，生产的目的是为了谋求一种经济价值和自我利益。但是在后工业社会中，社会生产更多的是有组织的服务性决策活动，服务的供求必须依靠全体社会成员的支持，其中涉及的利益分配以及价值判断等问题必然要求政治的参与。

### 三、后工业社会的服务不足

后工业社会的发展带来了社会结构的变化，促使经济形态和职业体制的改组，推进了服务在社会中的作用，确立了理论知识和科学技术的核心地位，建立了一种新型的平等服务。但是，后工业社会的发展对社会政治体制及文化结构等提出了更高的要求，而能否实现社会结构与政治、文化之间关系的协调，是后工业社会面临的主要问题，这些问题集中体现在以下几个方面：

首先，根据不同的职能要求对劳动力进行人为地划分必然会强调服务的阶层性以及服务的等级性，从而在一定程度上抹杀服务的平等性与自主性。一方面，后工业社会把科学技术以及脑力劳动者阶层提到一个新的高度，强调这样的服务才是社会发展的重心，把这个阶层置于服务的最高层级，自然也就把这个阶层置于整个社会的最高层级，这在某种程度上贬低了其他服务类型的地位，由此也就自然贬低了其他阶层的社会地位。另一方面，后工业社会强调服务的等级性必然使得这样的服务仍然存在着一种主奴关系，内在地隐含着上下级的服务关系，而不是平等主体之间的服务，因而它与服务型社会的服务有着本质上的不同。因为，后工业社会中专门从事某项工作的人们在日常工作中难免会遇到隔行如隔山的困境，人与人之间不再是一种相互协作、相互服务关系而成为一种相互竞争的关系。这种竞争关系固然可以极大地提高工作效率，促进社会生产力的发展，但由此带来了人们之间的隔阂却在一定程度上导致社会的不和谐，甚至产生相互冲突。另一方面，这种突出也会导致某个阶层的地位自然会抹杀其他阶层的个性，阻碍其他阶层的发展。

其次，社会结构的变化对政治结构方面提出了"管理"要求，这也会弱化服务。后工业社会中，随着人们对自己的命运、前途等有了清醒的认知，政治的重要地位也就越来越凸显。因为，一个人要想把握自己的命运，在社会中谋求生存并实现自身价值和获得利益就不能仅仅靠个体的单独行动，需要集体、集团的共同参与，政治就会加强这方面的控制和管理，而政治一旦进行这样的控制与管理则必然会淡化政治的服务功能。同时，既然知识和技术已经成为推动社会发展的关键力量，而具有专业知识和理论知识的科学家、工程师以及政府官员就成为社会的中坚力量，他们在涉及利益问题时就需要政治参与、政治竞争或合作，这些必将成为后工业社会中的主要政治问题。正如贝尔所言，在后工业社会里，"冲突和紧张程度的加深大概是不可避免的"①，而这种"冲突"与"紧张"必然会弱化整个社会的服务特性。此外，如何协调知识和技术阶层与政治家阶层以及普通社会成员阶层之间的利益关系问题就成为政治的核心问题。

再次，后工业社会的发展对人们的生活方式产生了消极影响，把服务建立在知识与能力基础上就忽视了服务的普遍性。一种"强烈依靠认识能力至上和理论知识至上的新的生活方式，不可避免地要与文化发展的趋势相冲突，这种文化力求加强自我，并且越来越反对受道德的约束和制度化"②。后工业社会的发展也会引起人们生活方式的嬗变，那种依靠

---

① ［美］丹尼尔·贝尔：《后工业社会的来临》，商务印书馆1984年版，第296页。

② 同上书，第18页。

认识能力和理论知识至上的生活方式得以确立，而这种生活方式非常强调生活的规律性、科学性、制度化、规范化，内在地强调服务的普遍化，这就与强调自我的整个西方资本主义文化发生冲突，从而导致人们的反抗。

最后，以产业结构作为划分社会形态的依据存在着较多缺陷。一方面，社会形态的划分是以产业结构的变动为依据的，包括贝尔在内的一批社会学家根据产业结构将社会形态划分为前工业社会、工业社会和后工业社会，认为有了服务业整个社会的阶层与阶级矛盾将不复存在了，这就严重抹杀了资本主义社会的阶级属性问题。实际上，在后工业社会中，阶级矛盾在服务业兴起的大背景下并不是不存在，而是发生了变化。另一方面，仅仅将服务业作为划分后工业社会的主要依据有失准确。因为后工业社会中不仅服务业存在着服务，而且制造业中也存在着服务，在种植业领域里也有服务，而且对服务的作用和力量认识不足。说穿了，人们对后工业社会服务概念基本仍停留在工业社会中的服务认识阶段。我们通过对工业社会中的服务及后工业社会中的服务分析，试图强调出服务的独立性及功能性，进而体现出服务在社会中的核心价值。

同时，贝尔等人简单地把整个社会划分为"前工业社会"、"工业社会"以及"后工业社会"等三种形态，把人类社会的发展片面地理解为直线性、唯一性的发展，似乎除了这三种社会类型就再没有其他途径了，这就忽视了人类社会发展的多样性，忽视了在社会发展过程中各种不同的社会类型形式。

## 第三节　服务型社会的超越性

毫无疑问，20 世纪 70 年代贝尔等人提出的"后工业社会"概念在今天已经得到相当的显示，"后工业社会"这个概念也已经成为人们津津乐道地来描述我们这个时代的重要概念，影响着整个社会的思潮与社会发展。

时至今日，社会政治、经济和文化等都发生了深刻的变化，尽管贝尔等人的"后工业社会"概念依然被很多人推崇，但是，人们对今天的产业结构、产业发展进步动因却没有认识到位，没有因为时代的变迁而进行新的研究与概括，没有抓住发展的关键动因和问题的实质展开新的理论研究与理论概括，而仅仅拘泥于在产业结构的变化上概括和归纳这个社会的类型，并试图得出或者科学技术或者服务业发展是当今社会的发展推动力等结论，这样的研究方向以及得出的结论将因为我们对整个社会的发展动因、发展方向等把握的偏离而使得我们的研究结论无法准确地体现出社会更恰当的特质，更将因此令我们无法根据社会的特质而制定我们的政策制度，调整、准确使用和有效地增强我们推动经济社会发展和进步的工具等。

我们从前文的叙述中知道，今天社会的产业结构确实已经不能再简单地划分为第一、第二以及第三产业了，或简单地划分为农业、制造业、服务业了。实际上，我们通常所说的服务业也仅仅是以服务为发展手段发展壮大的一个产业块

儿，而不能代表所有产业发展的动因——服务。"服务标准"、
"服务动因"认识方向的确立，发展的关键抓住，将是我们寻
找到的影响现实社会发展进步的新的值得研究和关注的因素，
社会也将因"服务标准"、"服务动因"的研究而变化，社会
将按"服务标准"使用而发展，从而形成服务型社会形态，
这种社会形态将会对工业社会以及后工业社会形成超越。

## 一、服务型社会对工业社会的超越

服务型社会里的"服务"绝不单纯指服务业或第三产业
里面的服务，而是一种涵盖各个产业、统领各个领域的通用
服务标准，是推动社会进步、引导社会发展的服务理念与服
务思维方式，所以说，服务型社会不是指服务业为主导的社
会，而是基于现代服务业兴起之后、形成了以服务为理念的，
给整个社会的经济结构、社会结构、政治结构以及文化结构
带来了深刻转型与变迁的社会，服务已经从狭义的服务业中
分化和独立成为一种推动经济社会发展和进步的动因，它是
人类社会发展过程中出现的为了自身和他人的需要而进行的
各种有偿、无偿的活动，因而也是人类自觉性提高的一种表
现。总结起来说，在服务型社会里，服务成为贯穿各个产业
的主线，成为产业发展的动因，成为联系各个社会有机体的
标准；在服务型社会里，服务成为贯穿社会各个组织、各个
团体的主线，成为这些组织与团体进行社会活动的准则；在
服务型社会里，服务同样成为各个党派进行政治活动的主线，
引导各个政党更好地服务于社会。无论是农业生产、工业制

造以及政府管理等，都必须以服务为理念，以服务为核心，围绕服务发展，这样的社会也必须以服务社会、服务他人为宗旨，甚至以服务为归宿。服务是人们生存于这个社会的法宝，服务是企业成功的手段，服务构成了社会组织发展的推动力，服务是整个社会运行的动力源泉，服务构成了这个社会个体与个体、个体与群体、群体与群体联系的标准。因此，从服务的角度看，服务型社会对工业社会的超越主要体现在以下几个方面：

第一，从社会经济结构上看，服务型社会里三次产业之间的性质确定不再是一种彼此分割、相互独立的关系，而是相互联系、相互依存、相互包含并且内在地统一于服务。

首先，服务型社会里的服务超然于产业范畴。工业社会的主导产业是制造业或加工业，机器大生产代替了手工劳动，生产力获得了空前提高，工业处于绝对优势。在这种产业结构中，农业、工业和服务业之间的性质确定处于一种彼此割裂、相对独立、互不包含的状态，服务业的性质确定更多的只是一种辅助性行业，是农业、工业发展的结果，只是到了贝尔所说的后工业社会里，服务业才逐步占有较大的比重。从社会发展的角度看，服务业的发展是一种社会进步的表现，在工业社会里，服务业虽然也较前工业社会有了较大的发展，但是仍然处于服务于制造业状态之中，服务业的产生与发展完全为了完善制造业，为制造业服务；在贝尔等人所说的后工业社会里，服务业的比重虽然逐渐扩大，服务业逐渐从农业以及制造业当中独立出来，但本质上还是农业和工业的发展结果，服务业仅仅是农业、工业的后道，即使在服务型社会里，服务业本身也仅成为一种重要的产业，服务业不会成为服务型社会发展的动因、标准、工具，没有成长为新的生产力，因此，只有把服务从产业中分化出来看待，把服务作为一种经济运行的标准来看待，才能看到服务在三次产业运行当中的作用，才能看到服务在三次产业运行当中的贯穿始终，才能看到服务是推动社会发展的动因，才能看到服务日益成为一种连接各种产业运行的标准这样的现实，才能看到服务是这个社会里农业、工业、服务业等一切产业发展所必须依赖的工具手段。在某种意义上说，农业、制造业、服务业皆已经内化为服务型社会里的一种产业经济服务，也可以说，没有服务这个宗旨，一切产业行为都将没有存在的意义。

其次，服务型社会的劳动力划分标准日益模糊。工业社会的劳动力主要从事于制造业领域。随着工业社会的发展，从事服务业的劳动力也有较快的发展，数量也有了较大增长。但是，整个社会蓝领和白领之间仍然有着分明的界线。而在服务型社会里，由于服务作为产业发展的标准性功能的显现，服务的功能性和动力性日益凸显，与产业在服务型社会里表现的情况一样，涉及劳动力在整个产业中的分布同样也发生了变化，劳动力本身已经体现为一种服务，劳动力的类别划分标准也变得模糊，不仅纯粹的农业、制造业、服务业的劳动力很难界定，而且纯粹的白领与蓝领也难以界定，鲜明的现象表现是以软件设计、供应链管理这些产业吸纳的劳动力等为代表，在这些产业的劳动力群体中，蓝领与白领的界线已经变得非常模糊，甚至根本无法区分，所能区分的只有劳动力的工作层次、工作复杂程度，整个社会的人才结构只有一种，那就是服务型人才。

最后，服务型社会的人与物不是对立关系。工业社会中社会关系主要表现为人与物的竞争关系。科学技术的发展、机器大生产的广泛应用，人类对自然社会的认识能力不断增强，增强了人类对自然界的征服能力。随着工业化的不断开展，人与自然之间的关系变得越来越紧张。而在服务型社会中，注重服务、把服务当成社会发展的尺度自然就会强调平等，坚持服务的理念也就会导致人们之间的和谐相处，从而使得人与自然、人与社会的共同发展。

第二，从政治方面看，在工业社会里，国家的主要职能是维护统治阶级的利益，国家很难实现所谓的公平、正义，国家主要为经济发展以及社会稳定提供服务。国家对社会经济文化事务的管理主要是通过制定一系列法律、法规促使人们去遵守，社会管理带有较大的强制性和压制性。工业社会服务虽然存在，但更主要是为了维护社会稳定。在服务型社会里，政治的主要职能是为了社会的公平、正义，旨在为社会成员的发展提供支持，促进社会成员向着"个性自由"的方向发展，因而，其目的是为了促进社会成员的整体利益。国家对整个社会事务的管理更多的是通过增强公民的政治参与能力来实施的，法律只是其中的一种手段而已。由于服务标准的强化，人与人之间更多的是通过一种类似于社会资本的契约来维持的。所以，在服务型社会里，社会管理更多地体现为一种民主性、自愿性而不是强制性和法制性。

在工业社会中，由于经济的发展，社会剩余产品的丰富，人们对物质利益的追求变得越来越广。由此，利益集团的数量和种类也相应增加了，其承担的社会功能也就越来越多，但是在这些功能中贯穿着一个核心功能，那就是追求本集团的利益。而在服务型社会中，服务成为社会发展的主导性目标。利益集团的目标除了具有自身独立性、创造性之外，更多地体现在所依靠的社会整体目标彼此间的相互衔接、相互协作、相互服务的关系上。同时，各个利益集团要想获得自己的利益，也必须牢固树立服务意识，增强服务本领，完善服务手段与措施，在提供服务中创造利润、获取财富。

第三，从文化的角度看，竞争、规范以及信仰的单一性是工业社会的主导文化，而服务型社会的核心价值是服务，服务成为这种社会类型的文化观念。众所周知，经济对文化具有决定作用，有什么样的经济发展就会有什么样的文化结构与之相对应。另外，社会文化又具有相对独立性，反过来又会影响到特定社会的经济结构。工业社会，经济发展水平决定了文化主体之间是一种竞争性合作关系，而服务型社会的主导文化是服务，它注重相互协调、共同发展。从这一点看，服务型社会对工业社会的超越更是一种社会文化价值观的超越。工业社会，机器大生产极大地促进了生产力发展的同时，也影响到整个文化结构以及人们的价值观。最明显的是人与人之间的竞争关系占据了统治地位，社会成员之间变得不再协调，社会整体处于一种断裂之中。在服务型社会，社会的主导价值是服务，以服务作为自己的文化价值观，而服务则意味着人与人之间的关系逐渐出现了一种追求和谐、注重平等的局面，这种文化结构又反过来对服务型社会的经济社会结构产生积极影响。

## 二、服务型社会对后工业社会的超越

后工业社会的发展超越了工业社会的固有矛盾与局限，而服务型社会作为一种新的社会类型又具有其他社会类型所无法拥有的某些独特之处，使之成为对后工业社会的超越。纵观服务型社会的发展逻辑，我们注意到，尽管工业社会、后工业社会的发展成就了服务型社会的来临，但工业社会、后工业社会的发展却仅仅是钟情于产业类型的转型、变化对社会发展进步的意义上。我们且不计目前的三次产业划分、对新兴产业归类的方法是否科学或过时，仅就工业社会、后工业社会对经济社会发展的关注点来看，人们普遍的关注点大都是在某种产业发展的快慢、某种产业占比的多少、某种产业所能产生的经济效益大小上，而服务型社会的来临却为我们的社会发展展现了超产业发展的动因和标准。服务型社会所关注的已经远远不是产业本身功能、大小上，更不是局限于研究某种产业的发展和作用上，服务型社会所关注和研究的是这个社会的经济为什么会发展，靠什么发展，甚至是这个社会为什么会发展，靠什么发展上，这使得服务型社会形成了对后工业社会的超越。

服务型社会对后工业社会的超越主要体现在以下几个

方面：

第一，服务型社会里，农业、工业、服务业内在地统一于服务之中。前文已述，服务型社会的产业结构已经不能非常简单、泾渭分明地划分为农业、制造业和服务业三种类型了。这三种产业类型中不仅"你中有我、我中有你"，而且更直接体现为它们都是以服务为载体、以服务为依托、以服务为目标，服务成为贯穿于这三大产业结构的主线，服务也成为联系各个产业，成就各个产业发展的标准。照此看来，如今的农业、工业、服务业的发展从本质上已经首先超越了其自身所固有的特质及传统的按产业决定发展的进步动因，形成依赖于服务手段的形势。

农业、工业、服务业的发展为服务作为社会发展的动因形成与确立提供了物质载体和使用空间。在服务型社会里，人们的一切行为都是为他者提供服务，在为他者提供服务的基础上实现自身的价值。比如，在企业生产与经营领域，服务型社会要求我们的一切行为必须以"为他人"提供良好的服务为前提。在制造业领域，如果企业生产的是中间产品，那么在竞争性环境下，企业只有为它的下游产品环节提供价廉物美的配套产品才能确保自身的存在，而这种物美价廉的产品本质上就是为下一家提供服务，此时的"下一家"就是本书提出的"实体消费者"。此时，这种产品本身已经转化为服务的一部分，产品本身就是服务的元素。而如果企业生产的是终端产品，那么它为最终消费者提供良好的售后服务就更是顺理成章了。市场就是如此在优良的服务中获得的，这就意味着企业生产、经营的各个环节都已经进入到"服务"领域，纳入到服务的范畴之中。

第二，在服务型社会里只存在一种社会关系，那就是服务与被服务的关系。人与人之间的关系，群体与群体之间的关系，实体与实体之间的关系，机构与机构之间的关系等都是通过服务来维系的。在前服务型社会里往往存在着多个阶级或阶层。其中在农业社会里主要是农民与地主阶级，在工业社会里主要是无产阶级与资产阶级，而在后工业社会里的社会阶层划分出现了更加复杂的局面，工人阶层也可以进一步划分为蓝领和白领阶层，出现了中产阶层等社会阶层。还出现了难以区分层次的阶层，难以区分层次的情况尤以创意产业或信息产业具有典型性。

在前服务型社会里，阶级对立往往不可避免，阶级冲突成为社会变迁与革命斗争的直接动力。人们之间的关系更多的是一种统治与被统治、压迫与被压迫的关系，服务只是少数特权阶层的专利，对于大多数人来说，主要是提供服务而不是享受服务。而在服务型社会里，整个社会只存在一种人际关系，那就是服务与被服务的关系。人与人之间的关系不再是统治与被统治的关系，转而变为相互"服务"的关系，因而人与人之间的"主奴"关系将不再存在，更多是被一种"人人为我、我为人人"平等的服务关系所取代。谁能够提供优质的服务，谁就可以获得服务的供给并享有较高的社会认同。所以，社会权力也不再只是有钱者或者社会精英所专有，而是以服务为纽带为全体社会成员所共有。

第三，在服务型社会里，知识成为一种人人必备的工具，而不再为精英阶层所独有。后工业社会也是围绕知识组织起来的，理论与技术知识是后工业社会的中轴。理论知识的目的在于进行社会管理和指导社会革新，反过来，这些社会变革又产生了新的社会关系与社会结构。而且在后工业社会里，"理论与经验相比占首位，而且在知识编纂成抽象符号的系统以后，可以同任何规律体系一样用来说明许多不同领域内的经验"①。知识在后工业社会的地位，决定了拥有知识的阶层居于社会统治地位，他们对于知识的占有和使用占有绝对优势。

而在服务型社会里，知识成为一种人人必备的工具，知识不再为精英阶层所独有。知识已经成为个体立足于社会、为他人以及整个社会提供服务的重要载体，也是使自身获得服务并取得发展所必不可少的手段和工具，同时，知识本身就蕴涵着一种服务。在这种社会里，社会进步与发展是社会成员运用自身知识共同努力的结果，科学家、社会精英等在工业社会中的主要作用不再是推动社会进步的唯一力量。教育本身作为一种服务既提高了知识的可获得性，也为民众创造了获得知识的机会。所谓精英阶层并不意味着一定会比非精英阶层获取知识与技能的机会多，也并不意味着精英阶层就一定比非精英阶层掌握更多、更高、更先进的知识与技能，这样，在尊重知识，尊重人才的理念下，服务型社会的平等、

---

① ［美］丹尼尔·贝尔：《后工业社会的来临》，商务印书馆1984年版，第26页。

自由的思想便显现出来了。社会不是仅仅靠精英阶层来促进发展的，非精英阶层同样能够掌握丰富的知识、先进的技术、服务的本领，也能够与其他阶层一起为社会的发展提供自己的服务，他们同样能够对经济社会发展作出贡献，因此，为了发挥各个阶层的作用，就会出现精英阶层与非精英阶层相互提供平等服务的现象，这样，服务型社会就成为各个阶层相互服务的和谐社会。

第四，服务型社会是一个整体协调的社会。后工业社会的发展是一个技术和科学规划的社会发展。在后工业社会里，包括经济、政治以及人们的日常生活等都受到技术的影响，而单纯依靠无限制的技术，社会的发展必然会处于一种无序状态之中。因此，必须对各种技术和科学知识在社会发展中的作用加以限制。正是在这个意义上，后工业社会是一个科学和技术规划的社会。而服务型社会会依据服务把各个阶层平等地整合在一起，使他们向着一种整体和谐的状态转化。这种整体协调依托服务而存在，使得社会经济结构各个部分之间相互配合、彼此衔接，且在政治、文化等方面都表现出和谐局面。

总之，在服务型社会里，服务是推动社会发展的动力、手段、目标，社会的发展动力需要服务，社会的发展过程需要服务，社会的发展结果需要服务。服务型社会是一个整体协调发展的社会，是对工业社会以及后工业社会的超越。

# 参考文献

1. 马克思:《马克思恩格斯选集》（1—4），人民出版社1995年版。

2. 马克思:《1844年经济学哲学手稿》，人民出版社2000年版。

3. 马克思:《资本论》（第1卷），人民出版社2004年版。

4. ［美］布劳、梅约:《现代社会中的科层制》，学林出版社2001年版。

5. ［美］戴维·波普诺:《社会学》，辽宁人民出版社1987年版。

6. ［美］丹尼尔·贝尔:《后工业社会的来临》，新华出版社1997年版。

7. ［美］邓肯·安切尔:《新社会学词典》，上海译文出版社1987年版。

8. ［美］凡勃伦:《有闲阶级论》，商务印书馆1964

年版。

9. ［美］F.赫塞尔本等：《未来的组织》，四川人民出版社1999年版。

10. ［美］H.伍德曼：《组织行为学》，中国社会科学出版社2001年版。

11. ［美］L.瑟罗：《资本主义的未来》，中国社会科学出版社1998年版。

12. ［美］拉什：《组织化资本主义的终结》，江苏人民出版社2001年版。

13. ［美］米歇尔：《行动者与系统：集体行动的政治学》，上海人民出版社2007年版。

14. ［美］诺思、托马斯：《西方世界的兴起》，华夏出版社1999年版。

15. ［澳］欧文·E.休斯：《公共管理导论》，中国人民大学出版社2001年版。

16. ［美］钱德勒：《看得见的手》，商务印书馆1987年版。

17. ［美］塞缪尔·亨廷顿：《变化社会中的政治秩序》，三联书店1989年版。

18. ［美］J.S.科尔曼：《社会理论的基础》，社会科学文献出版社1999年版。

19. ［美］詹姆斯·L.吉布森等：《组织学》，电子工业出版社2002年版。

20. ［美］汤普森：《行动中的组织》，上海人民出版社

2007 年版。

21. ［英］波兰尼：《大转型：我们时代的政治与经济起源》，浙江人民出版社 2007 年版。

22. ［英］罗宾·科恩：《全球社会学》，社会科学文献出版社 2001 年版。

23. ［英］迈尔·费瑟斯通：《消费文化与后现代主义》，译林出版社 2000 年版。

24. ［英］帕·贝尔特：《二十世纪的社会理论》，上海译文出版社 2002 年版。

25. ［法］涂尔干：《自杀论》，商务印书馆 1996 年版。

26. ［法］涂尔干：《社会分工论》，三联书店 2000 年版。

27. ［法］克罗戴特·拉法耶：《组织社会学》，社会科学文献出版社 2000 年版。

28. ［法］卢梭：《社会契约论》，商务印书馆 1980 年版。

29. ［法］米歇尔·克罗齐埃：《科层现象》，上海人民出版社 2002 年版。

30. ［法］让·波德里亚：《消费社会》，南京大学出版社 2000 年版。

31. ［德］达伦多夫：《现代社会冲突》，中国社会科学出版社 2000 年版

32. ［德］哈贝马斯：《交往行动理论》（1—2 卷），重庆出版社 1994 年版。

33. ［德］柯武刚、史漫飞：《制度经济学》，商务印书馆 2002 年版。

34. ［德］马克斯·韦伯：《新教伦理与资本主义精神》，四川人民出版社 1996 年版。

35. ［德］马克斯·韦伯：《经济与社会》（上）（下），商务印书馆 1998 年版。

36. ［德］维尔纳·桑巴特：《奢侈与资本主义》，上海世纪出版集团 2005 年版。

37. ［瑞士］皮亚杰：《结构主义》，商务印书馆 1984 年版。

38. 李美云：《服务业的产业融合与发展》，经济科学出版社 2007 年版。

39. 李培林：《和谐社会十讲》，社会科学文献出版社 2006 年版。

40. 李培林：《另一只看不见的手》，社会科学文献出版社 2005 年版。

41. 李友梅：《组织社会学实证研究》，格致出版社 2008 年版。

42. 刘祖云：《组织社会学》，中国审计出版社 2002 年版。

43. 陆江兵：《技术·理性·制度与社会发展》，南京大学出版社 2000 年版。

44. 鲁品越：《社会组织学》，中国人民大学出版社 1989 年版。

45. 陆学艺、景天魁：《转型中的中国社会》，黑龙江人民出版社 1994 年版。

46. 景天魁：《社会发展的时空结构》，黑龙江人民出版社 2002 年版。

47. 景天魁：《社会公正理论与政策》，社会科学文献出版社 2004 年版。

48. 邱耕田：《发展哲学导论》，中国社会科学出版社 2001 年版。

49. 苏国勋：《理性化及其限制——韦伯思想引论》，上海人民出版社 1988 年版。

50. 苏国勋：《社会理论与当代现实》，北京大学出版社 2005 年版。

51. 王春光：《巴黎的温州人——一个移民群体的跨社会建构行动》，江苏人民出版社 2000 年版。

52. 王志乐：《跨国公司在中国报告》，中国经济出版社 2005 年版。

53. 谢立中：《西方社会学名著提要》，江西人民出版社 2007 年版。

54. 于显洋：《组织社会学》，中国人民大学出版社 2000 年版。

55. 张润彤、朱晓敏：《服务科学概论》，电子工业出版社 2009 年版。

56. 张永宏：《组织社会学的新制度主义学派》，上海人民出版社 2007 年版。

57. 郑杭生：《社会学概论新修》，中国人民大学出版社 1998 年版。

58. 郑杭生、李强：《社会运行导论》，中国人民大学出版社 1993 年版。

59. 周雪光:《组织社会学十讲》,社会科学文献出版社 2003 年版。

60. 周伟:《温特尔模式下台湾代工产业的利弊分析》,《经济前沿》2006 年第 1 期。

61. Scott, W. Richard. Theory of Organization. *In Handbook of Modern Sociology*, ed. Robert E. L. Faris. Chicago: Rand Mc-Nally, 1964.

62. Bedeiam, A. G. *Organizations: Theory and Analysis.* Chicago: Dryden Press, 1984.

63. Hage, J. *Theories of Organizations.* New York: John Wiley and Sons, 1980.

64. Lincoln, J. R. et al., Organizational Structures in Japan and U. S. Manufacturing, *Administrative Science Quarterly*,1986.

65. Luthans, Fred. *Organizational Behavior.* New York: Mcgraw-Hill, 1995.

# 生命·精神（代后记）

　　童年永远是你最值得回忆的故事，无论它有多少艰辛，有多少磨难；

　　过去永远是你最宝贵的财富，无论它有多少痛苦，有多少伤痕；

　　现实永远是你无法满足的结果，无论它有多少财富，有多少辉煌；

　　未来永远是你最美好的期待，无论它是梦幻般的海市蜃楼，抑或它是否会到来。

　　从自然属性来说，人的生命不可抗拒：生不可阻止，死亦不可阻拦。当生命诞生时，人们无不欢欣鼓舞；而当生命走到尽头时，人们也无不悲伤惋惜。但生命的长短，却并不反映它的价值高低。生命之意义，在于其精神；生命之精神，在于其久远；生命之久远，在于其有形与无形的存留。对生命的存留，不是财富，不是身份，这些都将随着生命的有形结束而终止，只有精神才能永远闪烁着历久弥新之光。记忆下来的过去，体现着生命中最伟大的意义，给人类社会留下一点精神，是生命中最有价值的法则。

2007 年 5 月，当我完成第十部书的时候，我曾下决心不再徜徉于文山字海。但一个人生命中的故事、生命中的图腾可能是与生俱来的，并不是思之即来，想之即去。半年之后，这个飞速变化时代所发生的一些事情和现象再次让我情不自禁地拿起笔来，重新挥洒于造文构字之中：没有工厂的制造业、有商业品牌而没有自己采购行为的商店、有生产行为而没有自己"产品"的工厂、虚拟产品的广泛销售及使用、产品质量不完全决定经营成败……这些现象的出现彻底打破了传统的产业概念。

我始终在反问自己，这些是一种怎样的生产与经营方式？这些又是一种怎样的生产力行为？这些是一种怎样的产业？这又是怎样的一个时代？人类生产的历史走到今天与昨天有什么不同？明天与今天又会有什么不同？正是在日常工作中所形成的这些疑问，我把自己的所见所闻、所闻所思、所思所感、所感所惑、所惑所得记录下来……

文本是一段思想的备忘；

文本是一段生活的态度；

文本是一段社会的责任……它承担着生命的记载，展示着生命的绵延。肉体的生命终将成为历史，但文本将变成永恒！当生命的延续转换成精神的存在，以文本的存在来体现曾经的记忆就是最好的表达方式。因此，文本的记忆是对自己生命存在意义的安慰与实现自我的保证。

人生是一个复合体。磨难与挫折、迷茫与坎坷……这些并不一定是人生的失败，反而是人生的获取；快乐、顺畅、清晰、幸福……也不一定代表着成功，也许成为人生的负担，它们共同成为生命的一部分。"忆往昔峥嵘岁月稠"不影响人们"挥斥方遒"！这就好比我们经常讲"人总是要死的"道理一样，很少有人因为"人总是要死的"而忧心忡忡，"惶惶不可终日"，哀叹世界末日的来临。相反，现实生活中每个人都会"潇洒走一回"，度过"一个又一个不思明晨的狂欢之夜"。人生的快乐，追求的痛苦以及痛苦中的追求，是任何人也逃离不了的"结"，我亦以此为生活状态，我亦以对事业的求索、岗位的热爱、文化的探究来掩埋"痛"与"苦"的纷扰。

有人说写书需要占用很多时间；有人说写书需要文笔功底；还有人说写书好像一份工作……我的观点是：思想是对生命的思考，写书是生命中的一种休闲，写书是对自己工作、生活的一种提升和修正，写书是对生活的热爱，写书甚至是对生命的养护。当承载生命的肉体延续变成无奈的终止之时，精神便转换成为生命存在的唯一形式，精神甚至超越了肉体的存在。因此，以文本的存在来记忆精神中的一切也就理所当然成为生命的储藏。

对生命的珍惜，对精神的追求，对成长的宽容，对时代的责任，对岗位的感悟，对工作的升华……诞生了我的行为性格、思想性格、生活性格、工作性格，以至有了我的精神以及精神的我。有人说人的性格是先天固有的，也有人说人的性格是生命履历的结果，林林总总的这些说法自然都有它的道理，但我更倾向于后者。

我的童年是在20世纪六七十年代度过的，那虽然是个激情燃烧的岁月，但我的童年，除了小山村、小河沟、土坯房、乡村小学之外，再也没有什么了。简单的日子，俭朴的生活，没有色彩的岁月……筑成了我最闪光的童年之路，构成了我生命中最有价值的一段，塑造了我质朴但却顽强、拼搏、永不言败的性格。

20世纪80年代，历史给那个时代的人们铺就了一条尽管很狭窄但却平坦的通往象牙塔的路。人们做着哥德巴赫猜想之梦，畅想着走出一条居里夫人之路，那一年，我——一个农民的儿子幸运地加入了天之骄子行列。时代给了一个山里孩子难得的机会。从此，知识的甘醇，让我尝试成瘾。学士、硕士、博士、博士后……这些"帽子"尽管不可以作为一个人炫耀的资本，也说明不了智慧的高低，但它至少代表了一个人求索的决心和意志。大学者传道授业，大都市文化熏陶，大机关锻炼培养……我在不停地累积服务于人类、服务于社会、服务于岗位的能量，在不停地把这些累积的能量释放于社会和岗位之中，并努力为未来留下些什么。

风雨兼程四十余载，我有了许许多多的快乐，也有了许许多多的痛苦；经历了许许多多的成功，也经历了许许多多的失败；迷失过，也清晰过；抗争过，也退缩过，但生命就是生命，不会因为什么而影响自己对生命中下一步的苦苦追求，不会因为什么而影响未来对自己的愿景诱惑。

人生要追求，人生需淡定。

生命有尽头，精神无止境！

我将把我的生命，我的生活，我的思想，我的事业……写给未来！

我愿把我有限的生命无私奉献给社会，我愿把我的精神留给未来……

本书是我近年来工作研究的成果，书中的点点滴滴镌刻着自己灵魂的印记；字字句句流淌着自己精神的甘泉；一笔一画展现着自己生命的定义。我在不断地披露自己的思想，也在不断地反思自己的思想，这样说并不是想显示我是如何的"稀有"，而是表明了我思想的存盘和心路历程。我知道这不可能是一本万古流芳的著述，但她作为自己生命的创造和延伸，能体现出自己生命中的一点精神，我想这就足够了！

我要感谢那些众多的曾经培育过我的小学、初中、高中、大学的老师们。我要感谢我的导师韩伯棠教授、李春华教授，两位老师让我懂得了什么叫做知识的严谨；我要感谢我的导师邴正教授，是邴老师把我带入了哲学这门深奥之学；我要感谢我的导师景天魁研究员，是景老师让我开阔了知识的新视野；我要感谢李汉林、苏国勋、黄平、谢立中等教授，在本问题研究过程中，几位老师不吝赐教，为本问题的成稿提出了诸多建设性的指导意见。我要感谢中国社会科学出版社的各位老师，是他们对此书观点的高度认同，才使此书能顺利、优雅出版；最后我要特别提出感谢的还有杨彪、刘俊生先生，杨彪、刘俊生先生很多富有见地的思想在我本书观点形成过程中起到了非常重要的作用；我要感谢所有帮助我、关心我、支持我的人，谢谢你们！

仅以此书缅怀我的父亲孙维林及我的母亲田秀英。

愿世界充满快乐！愿未来更加美好！

2011 年 2 月

于东北老家